黄姚古镇旅游发展研究

粟巧兰 编著

中国轻工业出版社

图书在版编目（CIP）数据

黄姚古镇旅游发展研究 / 粟巧兰编著 .— 北京：中国轻工业出版社，2023.4

ISBN 978-7-5184-4380-2

Ⅰ . ①黄… Ⅱ . ①粟… Ⅲ . ①乡镇—旅游业发展—研究—昭平县 Ⅳ . ① F592.767.5

中国国家版本馆 CIP 数据核字（2023）第 031653 号

责任编辑：徐 琪　　责任终审：高惠京　　整体设计：锋尚设计
策划编辑：毛旭林　　责任校对：朱燕春　　责任监印：张 可

出版发行：中国轻工业出版社（北京东长安街6号，邮编：100740）
印　　刷：北京君升印刷有限公司
经　　销：各地新华书店
版　　次：2023年4月第1版第1次印刷
开　　本：710 × 1000　1/16　印张：15
字　　数：260千字
书　　号：ISBN 978-7-5184-4380-2　定价：59.80元
邮购电话：010-65241695
发行电话：010-85119835　传真：85113293
网　　址：http://www.chlip.com.cn
Email：club@chlip.com.cn
如发现图书残缺请与我社邮购联系调换
201214K2X101ZBW

前言

本书是笔者在桂湘粤三省交界的“世界长寿市”广西贺州黄姚古镇调查研究的成果，通过实地调查、问卷及访谈等形式，以古镇文化景观为主线，较为系统地对黄姚古镇进行了研究。本书内容包括古镇文化旅游资源类型及特征、古镇潜在客源市场调查及分析、古镇文化景观变迁、古镇民宿时空分布和现有部分民宿情况等内容。

本书相关研究成果得到了广西哲学社会科学规划课题“基于用户生成内容的广西民族村寨游客网络传播研究”（21BGL003）、贺州市科技开发项目“黄姚古镇历史文化遗产全生命周期管理平台开发与创新应用示范”（贺科技20051）和贺州学院旅游与体育健康学院旅游管理一流专业出版基金的资助，在此表示感谢。

鉴于黄姚古镇文化旅游景观研究的复杂性，加之本人水平有限，书中难免存在不妥之处，敬请各位读者批评指正。

粟巧兰

2022年于贺州

目 录

第一章

黄姚古镇概况

第一节　地理区位

黄姚古镇发祥于宋朝开宝年间，兴建于明朝万历年间，鼎盛于清朝乾隆年间，被业界誉为中国十大古镇之一，广西四大古镇之一，素有“梦境家园”“小桂林”之称。其位于广西贺州市昭平县东北部，距离贺州市区约40千米，距桂林市区约200千米。黄姚古镇方圆3.6千米，属喀斯特地貌。古镇发祥于北宋年间，有着近千年历史。自然景观有八大景二十四小景；保存有寺观庙祠20多座，亭台楼阁10多处，多为明清建筑。著名的景点有广西省工委旧址、古戏台、安乐寺等。黄姚古镇于2007年被国家文物局列为第三批“中国历史文化名镇”，2009年被国家旅游局批准为4A景区。2020年，在4A级景区品牌影响力500强中位居广西第一，全国第二。2021年，国家级贺州黄姚古镇景区服务业标准化试点项目通过验收（图1–1）。

图1–1　黄姚大门

一、地理区位

黄姚，属于贺州市昭平县下辖镇，位于广西贺州市昭平县东北部，其北与钟山县同古镇、清塘镇接壤，东与凤凰乡、公会镇毗邻，南与樟木林镇、富罗镇交界，西与走马乡相依。

黄姚古镇所在的昭平县距贺州市区约100千米、梧州市约190千米、桂林市约200千米。水路交通便利，桂江自北向南纵贯全境，碧波荡漾的桂江上连漓江、下接西江，建有昭平、马江等港口。该县犹如镶嵌在广西东部的一颗璀璨明珠，东邻贺州市八步区，西靠梧州市蒙山县，东南与梧州市苍梧县接壤，西南与梧州市藤县交界，北与荔浦市、桂林市平乐县和贺州市钟山县相依。

二、旅游区位

目前，黄姚古镇的交通方式主要有水路、公路和铁路。黄姚古镇自古以来水运发达，以前常有船只上通平乐、桂林，下达梧州、广州、深圳、香港、澳门。主要公路有桂梧、包茂、汕昆高速公路，在黄姚镇附近都设有出口；还有经由昭平县城分别与323国道（钟山段）和321国道（蒙山段）相接的三级油面公路，以及与贺州、钟山、苍梧等县市相通的县级公路，并设有昭平汽车总站。2014年底，西南地区连接“一带一路”的便捷铁路——贵广高铁正式通车运行，贺州是其中重要的站点，广东省、广西壮族自治区及贵州省形成了4小时的高铁经济圈，“同城效应”越来越显著。

第二节　自然环境概况

一、地形特征

黄姚地属南岭余脉所在，遍布岩溶洼地、峰林和峰丛，是典型的喀斯特地貌，四面皆山，地面起伏小，山多为海拔500米以下的丘陵，属折叠地形地貌。昭平县境内地质多次变迁，逐渐形成山岭连绵、平地狭小的地貌景观，总的地貌特征是群山起伏，河谷深切，平地狭小，地势西北高东南低。境内山地面积占全县总面积的87.6%，素有“昭平不平”之说。其中黄姚基本为岩溶洼地。

二、气候

黄姚地处南亚热带气候区，属亚热带季风性湿润气候。四季基本特征是：夏长冬短，春湿冬干，夏涝秋旱，冬有霜雪，无霜期平均在310天以上。总体来说，气候温和，雨量充沛，年平均气温20摄氏度左右，年降雨量超过2000毫米，为广西多雨、暴雨中心地带之一。

三、水系

黄姚地处姚江西岸、宝珠江南岸、兴宁河北岸，景色秀美，姚江由东而来，与宝珠江汇合后转向南，在古镇中心画了一个形似“S”的河道，这就是此地“九宫八卦”之说的来历。

第三节　经济概况

近年来，昭平县经济发展综合实力加快提升，三大攻坚成效明显，发展基石不断铸牢，民生保障持续向实。昭平县地区生产总值91.45亿元，增长2.5%；城镇居民人均可支配收入和农村居民人均可支配收入分别为32723元和13059元。发放低保、特困人员供养等资金3.12亿元，惠及困难群众达13.5万人次。农村危房改造26588户，解决37840户农村人口饮水安全问题。全县城镇新增就业8505人，农村劳动力转移就业新增22488人次。总体来说，昭平县贯彻国家相关政策，扶贫工作取得显著成效，经济发展还存在些许不足，但整体稳步提升（图1–2）。

昭平县黄姚古镇是一个历史文化积淀深厚，壮、瑶、汉等民族杂居的岭南小镇，明清时期的商业发展促进了黄姚古镇的经济繁荣，黄姚古镇成为周边地区的经济集中点。黄姚的商业经济也由此得以发展。

1954年，政府对个体私营经济实行政策性限制和改造，古镇由商业集镇转型为农业社区。古镇居民的生计方式被迫从商业经济转型为农业经济，农业收入成为古镇的主要财政收入来源，商业发展受限，农业收入较低，居民因此陷入贫困。

2011年1月，广西昭平县黄姚旅游经济开发区正式成立，开发区以黄姚古

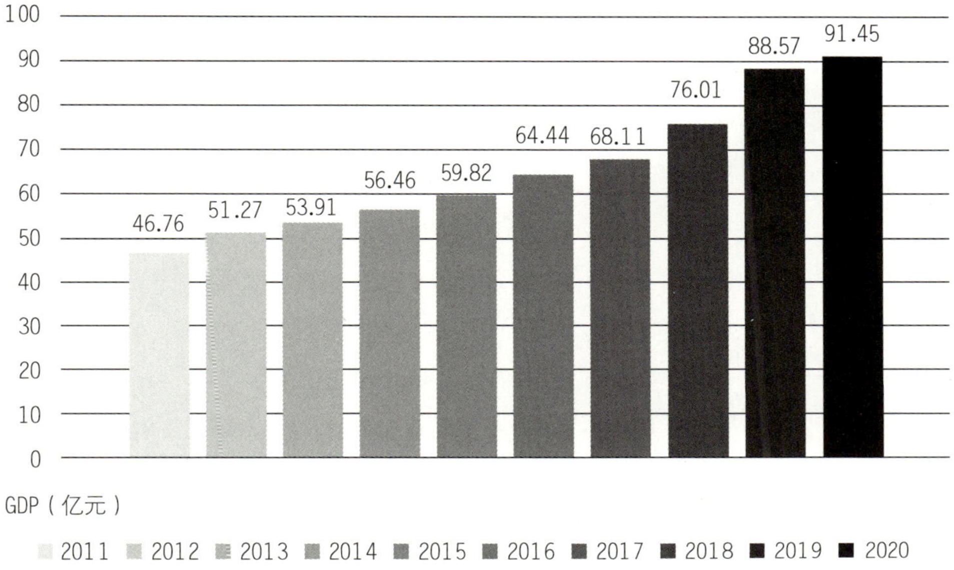

图1-2　昭平县2011—2020年GDP数据

镇为龙头，辐射周边地区，是集观光、游览、休闲、健身、度假多种功能为一体的旅游经济区。黄姚古镇游客数量逐年增加，旅游总收入呈上升趋势。

近年来，贺州市政府实施黄姚古镇旅游扶贫开发工作，促进古镇经济发展，提高居民收入，实现居民脱贫，促进古镇居民生计多元化，促进古镇旅游经济与农业经济等多种经济的产业融合。昭平县黄姚镇紧紧围绕县委、县政府建设“三区两带”的工作要求，进一步加大招商引资工作力度，积极发展商贸旅游业，稳步推进项目建设步伐，不断推进“三化两业”进程，经济建设步伐明显加快，全镇经济呈现良好的发展势头。

第四节　社会概况

一、行政区划

黄姚镇下辖界塘、岩头、杨村、北莱、篁竹、阳朔、文洞、春甫、白山、新寨、黄姚街、凤立、罗望、崩江、枧盘、巩桥、中洞、笔头、古碌19个行政村（街）委会，下设552个村民小组，17600户居民，总人口63891人。黄姚镇居民以汉族、壮族为主，少数民族主要分布在罗望、凤立、崩江、枧盘、巩桥5个行政村。截至2019年，辖区内居住着壮、瑶、苗等13个少数民族，共计12657人，其中壮族12143人，瑶族312人，少数民族人口占全县镇总人口的21.02%。①

二、历史沿革

黄姚，古时随县居南越地。

汉元鼎六年，汉武帝平定南越，设苍梧郡，下设临贺、猛陵等县，黄姚属临贺县管辖。

南朝梁普通元年，梁武帝在昭平县设二郡五县，黄姚属其中之一的荡山县管辖。

隋炀帝大业三年，设龙平和贺川两县，黄姚属龙平县管辖。

五代十国期间，黄姚属昭平管辖。

明洪武十八年，黄姚属宁化里管辖。

清咸丰十年，全县划为十区，黄姚属于其中的“关”区管辖。

民国十五年，全县分为黄姚、明源、马江三大行政区，黄姚区下设黄姚镇。

中华人民共和国成立后，黄姚属昭平县管辖。

1959年，改称为黄姚人民公社。

1984年，将原黄姚人民公社拆为黄姚镇和巩桥乡。

2003年，黄姚古镇景区正式成立。

2007年，被国家文物局列为第三批“中国历史文化名镇”。

2009年，被国家旅游局批准为4A级景区。

2020年，在4A级景区品牌影响力500强中位居广西第一，全国二。

2021年，国家级贺州黄姚古镇景区服务业标准化试点项目通过验收。

2022年，经公示确定为国家5A级旅游景区。

---

① 国家统计局农村社会经济调查司．中国县统计年鉴2019［M］．北京：中国统计出版社，2020.

第五节　旅游业发展概况

近年来，古镇文化生态游不断升温，丽江、乌镇等古镇已成为重要的旅游集散地。黄姚旅游区是以黄姚各镇为核心的旅游区，包括整个黄姚镇及走马乡部分。根据2004—2014年十年来数据统计显示，整个黄姚旅游区的年平均接待游客增长47.15%，旅游年收入平均增长59.77%。以黄姚古镇为核心的黄姚旅游区呈现良好发展态势。黄姚古镇开发近十余年来，取得了不少可喜可贺的成果。1995年，黄姚古镇被列为省级风景名胜区。2005年，中外旅游推广峰会又将其评为中国最具旅游价值古城镇。2007年6月，黄姚古镇被国家建设部、文物局列为第三批中国历史名镇。黄姚古镇经历过两个发展阶段：一是政府主导阶段；二是企业主导阶段。黄姚古镇开始由传统伦理关系向现代经济关系转型。近年来，古镇旅游发展迅速，吸引各方游客前来观光休闲度假。古镇正通过举办戏曲文化节、柚子灯节等民俗节庆活动，走出一条特色文化路。

第六节　古镇文化

一、古镇名人

1. 欧阳予倩

欧阳予倩，生于1889年，是我国著名的戏剧艺术家。1949年秋，因日寇犯桂，从桂林市疏散到昭平县，先后在昭平县城和黄姚居住了10个多月。他来到昭平县后，充分发挥自己的专长，为民众办实事，不遗余力地进行抗日救亡宣传。他与莫乃群等人创办了《广西日报》（昭平版）并任报社报务主任。他还经常指导艺术馆成员排练节目，开展抗日宣传文艺演出。他创办了黄姚图书馆，除了自己捐书外，还与几位小学教师挑着箩筐挨家挨户捐书，办起了藏书千册的黄姚镇第一家图书馆，为国难期间的黄姚群众提供精神食粮。他与千家驹等人在黄姚创办了临江中学黄姚分校（后改为黄姚中学），促进了当地教育事业的发展，并举办妇女识字班，亲自为识字班编写教程。欧阳予倩和他的女儿欧阳毅如，在一次宣传抗日的晚会上共同登台（黄姚戏台）表演，一时传为佳话。

2. 郭子仪

郭氏宗祠是黄姚典型的庭院式建筑，院子祖先是盛唐有名的将领郭子仪。郭子仪，华州郑县（今陕西华州）人，唐代著名的政治家、军事家，曾历事玄宗、肃宗、代宗、德宗四朝，共育有八子七女。落户黄姚古镇这一支郭氏为郭子仪第六子郭暖的后裔，因躲避北方金兵的战乱迁移江西、广东一带。清朝顺治年间，郭氏后裔相继迁至黄姚。

3. 钱兴

钱兴，广东怀集人，1940年元月到任中共广西省工委书记。1947年，钱兴调任粤、桂、湘边工委副书记兼纵队副政委，领导三省边区游击战争。1948年11月，钱兴在怀集的反围剿斗争中壮烈牺牲。为缅怀革命先烈，1986年广西壮族自治区党委批准修复省工委旧址（宝珠观），建立纪念馆，建立钱兴烈士塑像及事迹碑志（图1–3）。

图1–3　钱兴烈士像

4. 高士其

高士其是知名的细菌学家和科普作家。1944年秋，在周行先夫妇的搀扶照顾下，高士其带着沉重的病躯疏散到昭平县，然后坐竹轿翻过大风坳来到黄姚镇避难，寄寓在迎秀街罗家华家。在身带重病又遇国难的艰难日子里，他仍不放松，坚持著书立说。在周行先夫妇的协助下，他完成了科普著作《奇妙的数字》，并经常为《广西日报》（昭平版）提供科学知识小品，《美味的黄姚豆豉有霉菌的一份功劳》一文，就是他在昏暗的桐油灯下写成的。他结合当地实际，深入浅出地解释了豆豉制作的科学原理。高士其平易近人，深得群众爱戴，时有邻居给其送蛋、塘角鱼等滋补身体。1945年8月16日，抗战胜利的消息传到黄姚，镇内响起了阵阵鞭炮声，高士其不顾病魔缠身，在周行先夫妇和房东罗家华等搀扶下走上街头与黄姚群众共享抗战胜利的喜悦。高士其先生离开黄姚时，与邻居依依惜别，还留下一首题为《别了，黄姚！》的新诗，由衷地歌颂黄姚是他避难时的保姆，患难中的挚友，乱世中的爱人。

5. 林作楫

林作楫，字济客，一字济川，号沙棠，黄姚镇人，1721年生，出身于书香门第，28岁毕业于桂林秀峰书院。经乡试中举后，在家乡设帐授徒，当时黄姚、樟木一带的学子，多出自其门下。黄姚镇许多诗联均出自其笔下。51岁为江西省都昌、分防县和南康府参军，52岁升任江西省赣州府安远县知县。时遭大旱，百姓缺粮，林作揖开仓救济饥民，反被人诬告，险遭横祸。1778年病故于任所。他为官八年，遗留下的钱不足为其办丧事，当地士民馈赠奠资，制万民帐、万民袍，缅怀歌颂他的爱民功德。其棺椁运回原籍殓葬。

6. 莫乃群

藤县古龙镇人，前半生从文从教，抗日战争时期是《广西日报》（昭平版）总编辑。1944年秋，日寇犯桂，省府所在地桂林疏散时，他与一批爱国进步民主人士及文化名人疏散到昭平县。经代省主席陈良佐同意，利用原《广西日报》的出版许可证，在一无所有的情况下，与中共地下党员张锡昌和一批进步民主人士合作创办《广西日报》（昭平版）。报社初设在县城平安街临时搭盖的草棚内，首期报纸于11月1日与读者见面，为四开铅印。同年冬末，日寇进犯县城，编辑部于1945年1月27日迁到黄姚镇，以街民麦泳宗家的草屋作报社。经艰难筹备，报纸于2月21日复刊，向县内和八步、桂北发行。《广西日报》（昭平版）积极宣传抗日救亡，对推动昭平乃至桂东地区的抗日民主运动的开展起了很好的作用，代表了民众的心声，深受民众的欢迎。新中国成立后，莫乃群曾任广西壮族自治区政协副主席。

二、古镇诗词散文

黄姚风光秀丽，历代文人众多，诗联创作甚丰，慕名来此游览的也多有题留。

清代律诗多为对名胜赞美的旧体诗，有七律、七绝、五律和五言联吟等多种形式。

《聚仙岩》七律

清乾隆拔贡　潘超

石室烟含境最幽，此间原是聚仙楼。
籀文百代凌崖古，碧乳千年滴水流。
绿叶新红天欲暮，凉风微冷景初秋。
帘前尚有苍苔字，石洞何年跨鹤游。

《带龙楼》七律

本镇清乾隆举人　林作楫

檐临翠盖户通幽，烟火家家四畔讴。
阁下行人残月晓，崖边出石海门秋。
虹侵栈道波千尺，路绕江城带一楼。
从此山灵龙变化，黄姚文物冠南洲。

《文明高阁》七律

光绪壬年樟木林分司　李作霖

文明高阁又魁楼，螺岭曾经泮水流。
惟圣惟神隆千古，乃文乃武振千秋。

几寻剑气冲霄汉，一派香书贯斗牛。
果得吴刚修月斧，群英领袖步瀛州。

《咏宝珠观》七律

本镇清乾隆举人　林作楫

宝珠观宇最巍峨，布袜青鞋兮屡过。
春憩松氛寒气少，心清法座妙香多。
僧偏爱我常如此，我未酬僧奈若何。
半日偷闲空万劫，凄然愁对古维摩。

《蚌山》七律

清乾隆副贡　潘遇

何年此蚌锁江滨，川岳钟灵远俗尘。
镜水楼台侵海市，指天甲胄俨龙鳞。
苔封璀璨藏珠焰，溪绕金波吐玉唇。
不遂渔人遭鹬啄，清操常立四时春。

《登文明阁》七律

清道光南海　招敬常

文明杰阁耸千寻，古石侪竹径转深。
禾稼登场民气乐，虎狼深穴贼星沉。
溪光照我留真面，岚影娱人识道心。
莫怪长官山水癖，征衣未脱且登临。

《有声门》七律

本镇清咸丰恩贡述堂　古绍先

风凉水落一天秋，马今于斯快胜游。

峭壁横开亭外嶂，长江曲抱树中楼。
嶙峋信笔留鸿爪，咫尺螺峰拥佛头。
作育斯文青眼在，满林翘秀豁双眸。

《重阳登高》五宫联吟

佳节重阳好，联吟纪盛游。臧臣
茱萸头偏插，菊饼味相投。少海
逸事传王孟，仙缘胜阮刘。方甫
山高能辟谷，径曲可通幽。严谷
树影迷离动，晴光掩映浮。光庭
一峰横北岸，孤雁遇南楼。达民
鸟倦飞仍伏，云闲去复留。方甫
清风来习习，溪水自悠悠。民楚
枫老飘红叶，芦丛起白鸥。臧臣
林深鸦点点，苔静鹿呦呦。少海
妙语通霄汉，狂歌震斗牛。方有
声闻樵唱晚，景殇客吟秋。严谷
寒馨馀音裊新诗，入望收。光庭
夕阳芳草地，红蓼荻苍洲。达民
远岫霞铺锦，归途月上钩。义甫

时光里的黄姚

作者：王剑冰

黄姚这个名字，会让人一下子记住。它远远地在那里，在你的念想里。那或是一种乡间情怀，一种乡愁感念。

古旧的黄姚，一进来便有一个气派开场，怪石崖壁，拱桥亭廊，八百岁的榕树，以迎客的姿态撩幔牵裳。树下姚江环绕，水气蒸腾。直惊艳得眼目迷离，不知往哪里聚焦。水上的老屋，替镇子保存着岁月。必是格外地喜欢这里，才有了如此宏大的聚集，且聚集得紧凑而有条理。

每日里听不到多少喧嚷，声音都被那些水那些石收纳了。数百年时光的经营，把黄姚经营得古典而端庄。

偶尔会来一场雨，雨带着雾，像一页页屏风，次第翻过。那些摞在高处的瓦，总是最先得到冷热的信息。瓦片承受不了的雨滴，会滴滴传递，最终给了姚江。

一条条囊括着深宅大院的老街，老街上旗幌飘摇的店铺，一座座器宇轩昂的宗祠，宗祠内外的庆典喜宴，一个个通江码头，连着码头的灯笼节提灯会，会上的大戏连唱，让人知道，黄姚不是多少年前就为今天的热闹埋下了伏笔，而是多少年前就像今天这样热闹。

除了悦泰兴、金龙门、金德庄那些老字号，还有春天里、那些年、一米阳光的新招牌。欧阳予倩以及其他名人的寓所隐在其中，传递着黄姚的温暖与情义。什么时候，这里都像是安适而幽静的后院。

往往想不到，小门里藏着几百岁的老宅院。有的依山就势，攀到最上边的，是一片翅膀翻扑的瓦。总能见到残垣断壁处砖石的接续，见到朽旧的房门又有了新的木楔。那些或都是生活的叠加。

黄姚，它不突出个体，显示的是整体的大气。

如果在姚江上看，就会感觉古镇是从水里长上去，一直长到地老天荒。奇峰与凤竹簇拥的江水，像丝绸，不必去触摸，也能想象到触摸上去的感觉。姚江融入桂江、西江，最后进入大海。

江边有人划船，有人洗衣，有人戏水，一派天然写意。

黎明在风中把黄姚叫醒。一群鸟，聚在一起飞，像开在空中的花。群山在不远处挽着罗髻，似要赶一个露水墟。

早上看黄姚，觉得黄姚氤氲中会飘起来，各种日常都在缭绕，包括炊烟，亮嗓，豆豉的浓香，草药的异香。

进入黄姚，我也会飘起来，气韵爽身，心劲飞扬。

背着书包的孩子，从门里出来，阳光将小小的身影打在石板路上。一只白蝴蝶飞走了，土墙上划出一道翩然痕迹。一个女孩轻轻走过支着板子的老屋，生怕惊了房顶的瓦。墙根的胡枝子，开着粉色小花。这一切，让你想到，在黄姚，哪怕一片叶子，都有它的意义。

夜晚的黄姚，有点像寓言。月提着一盏青灯，随我上着层层石阶，而后不动声色地跃上屋顶，将古镇覆一层锡箔样的辉光。巷子忙碌了一天，在红灯笼的轻摇下，睡得很沉。天的穹庐笼盖了四野，一切都在孕育。有什么掉进了水里。偶有一两声虫鸣。

我相信，只要经历过黄姚以及黄姚的夜晚，他会变得深涵而宁静。

我曾经来过，却总是不能真正领略黄姚的全部。我想以对黄姚的热情邀请更多的热情。我想穿越千年，邀李白来望月，这里的月有家的味道；我想邀杜甫来住厦，这里从不会风卷三重屋茅；我想邀郦道元来看水，这里才应该是《水经注》的结尾。

但是黄姚似并不在意，她就那么纯秀地站在芳香馥郁的田野间，站在桂林山水的旁边，站在广西贺州的土地上，等谁，又不似在等谁。

三、古镇歌曲

梦里黄姚

杨松波　利宇翔

黄姚的风，吹醒多情的花，
淡淡时光，等你轻轻入画。
一杯月光，醉了往事清茶，
几盏灯笼，温暖古镇人家。
梦一样的黄姚，梦一样的家。
放歌春秋冬夏。
飞檐披云纱，白鹭追晚霞，
梦里不知身是客，
心情悄悄放假。
黄姚的雨，打湿青砖灰瓦，
草木连心，连着青丝年华。
东潭岭上，谁与春色缠绵，
带龙桥边，看我种豆得瓜。
梦一样的古镇，梦一样的家。
挥毫水墨间，花海中戏耍。
纵情弹拨姚江水，
放歌春秋冬夏。

梦回黄姚

钟世萍　莫军生

梦是桃花否？问何来？水粉春风，一街词颂。
红伞轻移停别处，说尽眉间身后，
忆往事，被风牵走。
流星巧换鱼龙舞，把鹊桥结成相思扣。
卿共我，意相授。
隔屏可有红酥手。
郭家院门户空深，几窗烟火被歌吹皱，
未见花期见归期，任他浮华任他消瘦。
呼客来与他添酒，此去黄姚多少梦，
念带龙桥头寻花向，
沉醉在姚江口，沉醉在姚江口……

夜黄姚

朱东　浮克

山上一弯月，山下一江水。
排排红灯笼，座座千年房。
青青石板路，幽幽桂花香。
峰丛古镇悠，梦境黄姚美。
千回百转踏月来，只因你在桥中央。
夜黄姚，笛声起。
故乡酒一杯，相思泪几许。
夜黄姚，情悠长。
寻你千百度，婷婷古道旁。
夜黄姚，灯昏黄。
一轮朗月照，何处诉衷肠。
夜黄姚，雾依稀。
情定古榕下，永世莫相忘。

时光里的黄姚

作词：汤松波

作曲：马辛意

演唱：李思宇

山牵着山，云雾飘荡。
雨到黄姚，天年长长。
梦境一样的家园，
天天为你打油茶，
夜夜为你唱歌堂。
蝶恋着花，情深意长。
风吹过桥，别来无恙。
诗画一样的古镇，
春有十里瓜花酿，
秋闻歌海豆鼓香。
炊烟不老的地方，
长满福寿的时光。
我听着午夜的月光，
用思念把你一寸寸丈量。
等你雨中看斜阳，
等你梦里织花房，
等你的我呀，
就是你歌声里的少年郎。

古镇的月亮

潘琦

古镇月亮，静静照彻山乡。
淡淡投影昔日景象，轻轻诉说历经沧桑。
这曾是古道繁华小镇，车队马帮南来北往。

商货土产远销南洋，文人墨客写下多少华章。
啊！深情的黄姚古镇，你留下乡愁铭记欣赏！
啊！美丽的黄姚古镇，你是人间醉美天堂！
古镇月亮，尽情撒落山乡。
皎洁铺在旧街新巷，映射今天灯火辉煌。
新时代你变得更漂亮，山清水秀地披绿装。
荒坡野岭建起楼房，旅游圣地中外游客向往。
啊！美丽的黄姚古镇，你是人间醉美天堂！
啊！深情的黄姚古镇，你留下乡愁铭记欣赏！

坐上高铁去贺州

朱东　王予嘉

连绵的青山湛蓝的河，
千年古道风雨潇贺。
世纪列车载着大山的期待，
牵引我们追风极速。
赶上了时空的变幻，
一路美景一路春阳。
醇醇的酒来浓浓的茶香，
唱响中国梦的歌谣。
我坐上高铁去贺州，
碧碧的水来绿绿的山。
那是贺江水那是姑婆山，
那里有瓜花酿和豆豉香。
我坐上高铁去贺州，
蓝蓝的天空白白的云。
放飞的心情如翱翔的神鸟，
梦境黄姚不再地远天遥。
连绵的青山湛蓝的河，
千年古道风雨潇贺。

世纪列车载着大山的期待，
牵引我们追风极速。
赶上了时空的变幻，
一路美景一路春阳。
醇醇的酒来浓浓的茶香，
唱响中国梦的歌谣。
我坐上高铁去贺州，
碧碧的水来绿绿的山。
那是贺江水那是姑婆山，
那里有瓜花酿和豆豉香。
我坐上高铁去贺州，
蓝蓝的天空白白的云。
放飞的心情如翱翔的神鸟，
梦境黄姚不再地远天遥。

第二章

黄姚古镇旅游资源

第一节 旅游资源类型与概况

一、旅游资源分类

通过对黄姚古镇主要旅游资源进行实地调查，采用文字和摄像记录以及与当地居民访谈等途径和方法，并查阅相关文献资料，以国家标准中的旅游资源分类分级系统为依据，对具有代表性、组合较好、品位较高的旅游资源进行分析、分类，详见表2-1。

表2-1 黄姚古镇旅游资源分类表

主类	亚类	基本类型	简要说明
A 地文景观	AC 地表形态	ACB 峰柱状地景	叠螺山、关刀山、酒壶山、真武山、鸡公山、隔江山、天马山、天堂山、牛岩山
		ACE 奇特与象形山石	南蛇出洞、鲤鱼跳龙门、盘道石龙、金鸡晒肚、仙龟爬沙、天台石门
B 水域景观	BA 河系	BAA 游憩河段	姚江、兴宁河、小珠江
	BC 地下水	BCB 埋藏水体	仙人古井
C 生物景观	CA 植被景观	CAB 独树与丛树	龙爪榕、睡仙榕、东门榕、接龙榕、夫妻榕、大叶榕、千年石上榕、龙林树
		CAD 花卉地	黄姚花海
D 天象与气候景观	DA 天象景观	DAA 太空景象观赏地	北莱陨石
	DB 天气与气候现象	DBC 物候景象	变色榕
E 建筑与设施	EA 人文景观综合体	EAA 社会与商贸活动场所	鲤鱼街、金德街、迎秀街、天然街、中兴街、安乐街
		EAB 军事遗址与古战场	亦孔之固门楼、守望楼、东门楼
		EAC 教学科研实验场所	昭平黄姚中学、黄姚中心小学

续表

主类	亚类	基本类型	简要说明
E 建筑与设施	EA 人文景观综合体	EAE 文化活动场所	古戏台、钱兴广场、游客服务活动中心
		EAG 宗教与祭祀活动场所	郭氏宗祠、梁氏宗祠、吴氏宗祠、佐龙祠、黎氏宗祠、劳氏宗祠、安乐祀
		EAH 交通运输场站	黄姚码头
		EAI 纪念地与纪念活动场所	钱兴烈士故居、欧阳予倩故居、广西省工委旧址、高士其故居、千家驹故居
	EB 实用建筑与核心设施	EBA 特色街区	鲤鱼街、金德街、迎秀街、天然街、中兴街、安乐街
		EBB 特性屋舍	司马第、郭家大院
		EBD 独立场、所	古戏台、佐龙祠、文明阁
		EBE 桥梁	石带龙桥、护龙桥、天然桥、双龙桥、锁龙桥、护龙桥、佐龙桥、利民桥
		EBG 堤坝段落	石跳桥
		EBH 港口、渡口与码头	黄姚码头
		EBI 洞窟	孔明岩、聚仙岩
		EBC 特色店铺	名秀堂、金德庄、幻影之舞、木棰酥
	EC 景观与小品建筑	ECC 亭、台、楼、阁	文明阁、宝珠观、天然亭、东门楼、豁然亭、不夏亭、魁星楼、兴宁庙、古戏楼
		ECD 书画	韩愈、刘宗标等历史名人的墨迹诗词186首、楹联197副
		ECE 雕塑	钱兴烈士纪念碑
		ECG 牌坊牌楼、影壁	圣旨府
		ECJ 景观步道、甬路	青石板路

续表

主类	亚类	基本类型	简要说明
E 建筑与设施	EC 景观与小品建筑	ECK 花草坪	半岛休闲区
		ECL 水井	仙人古井
		ECN 堆石	假山
F 历史遗迹	FA 物质类文化遗存	FAA 建筑遗迹	明清宅院、兴宁庙、司马第、郭家大院
	FB 非物质类文化遗存	FBA 民间文学艺术	实景剧《大美黄姚》
		FBC 传统服饰装饰	瑶族服饰
		FBD 传统演艺	光对阵、提灯、五花阵、扮饰、万事、扮饰、唢呐、舞板凳龙、舞狮、舞龙、舞鱼
		FBE 传统医药	黄精酒
G 旅游购品	GA 农业产品	GAA 种植业产品及制品	黄姚豆豉、黄精及黄精酒、开山白毛茶、黄姚青梅酒、黄姚野菊花、黄姚话梅
		GAB 林业产品与制品	小叶榕、马尾松林、阔叶林、灌木林、龙爪榕
		GAD 水产品及制品	黄姚小河鱼、黄姚炒螺
		GAE 养殖业产品与制品	肉猪养殖、野猪养殖产业
	GB 工业产品	GBA 日用工业品	双轴三桥七景、手工艺聚集地
		GBB 旅游装备产品	空间声光演艺和夜间休闲消费系统、黄姚仙殿顶地质公园
	GC 手工工艺品	GCB 织品、染织	瑶族锦绣
		GCC 家具	香台
		GCD 陶瓷	黄姚陶瓷
		GCE 金石雕刻、雕塑制品	黄姚木雕、牛头梳
		GCG 纸艺与灯艺	柚子灯、红灯笼
		GCH 画作	老墙画、黄姚门联

续表

主类	亚类	基本类型	简要说明
H 人文活动	HA 人事活动记录	HAA 地方人物	钱兴、何香凝、高士其、千家驹、欧阳予倩
		HAB 地方事件	莫乃群等人创办《广西日报》(昭平版)、钱兴领导游击战、欧阳予倩创办黄姚图书馆、何香凝协助县长创办昭平县民众抗日自卫工作委员会
	HB 岁时节令	HBA 宗教活动与庙会	狮子庙庙会
		HBC 现代节庆	农历正月初一至初三桂剧表演、正月初二扎鱼龙灯、三月初三对山歌、七月初七取水节、七月十四柚子灯节、九月初九老人节

二、黄姚古镇主要旅游资源定量评价

按照《旅游资源分类、调查与评价》(GB/T 18972-2017)中所规定的分类评价体系，对调查所获的旅游资源进行赋分，并根据等级指标对旅游资源单体确定其等级。评分主要依据资源现状进行。

根据旅游资源单体评价总分，将其分为五级，从高级到低级为：

五级旅游资源，得分值域≥90分；

四级旅游资源，得分值域为75—89分；

三级旅游资源，得分值域为60—74分；

二级旅游资源，得分值域为45—59分；

一级旅游资源，得分值域为30—44分；

未获等级旅游资源，得分≤29分。

其中：五级旅游资源被称为“特品级旅游资源”；五级、四级、三级旅游资源被通称为“优良级旅游资源”；二级、一级旅游资源被通称为“普通级旅游资源”(表2-2)。

表2-2　　黄姚古镇旅游资源等级表

等级	旅游资源	合计
五级旅游资源		0
四级旅游资源	广西省工委旧址、钱兴烈士像、司马第、龙爪榕、九制黄精、古戏台、鲤鱼街、仙人古井、安乐寺、守望楼、带龙桥	11
三级旅游资源	东门楼、亦孔之固、欧阳予倩故居、郭氏宗祠、南蛇出洞、睡仙榕、舞狮、黄姚豆豉、瑶族锦绣、郭家大院	10
二级旅游资源	舞鱼龙、石跳桥、柚子灯节、见龙祠	4
一级旅游资源	文明阁	1

根据《旅游资源分类、调查与评价》（GB/T 18972-2017）的标准，对项目区的26个主要旅游资源点从资源要素价值、资源影响力进行定量打分评价，评价结果为：五级旅游资源0个，四级旅游资源11个，三级旅游资源10个，二级旅游资源4个，一级旅游资源1个；属于优良级以上的旅游资源，即三级以上旅游资源有21个，占总比例的80.8%，普通级的旅游资源，即一、二级旅游资源有5个，占总比例的19.2%（表2-3）。

表2-3　　黄姚古镇旅游资源评价表

名称	资源要素价值（85分）					资源影响力（15分）		附加值	总数	评级
	观赏游憩使用价值	历史文化科学艺术价值	珍稀奇特程度	规模、丰度与几率	完整性	知名度和影响力	适游期和适用范围	环境保护与环境安全		
广西省工委旧址	25	16	10	7	4	6	5	3	76	四
古戏台	24	19	10	7	4	6	5	3	78	四
鲤鱼街	22	18	11	7	4	6	5	3	76	四
仙人古井	25	18	12	7	4	7	5	-3	75	四
安乐寺	21	18	12	7	4	5	5	3	75	四
钱兴烈士像	24	16	12	8	4	7	5	3	79	四
守望楼	20	17	12	7	4	7	5	3	75	四
司马第	23	18	12	5	3	6	5	3	75	四
龙爪榕	22	19	14	7	3	6	5	3	79	四

续表

名称	资源要素价值（85分）					资源影响力（15分）		附加值	总数	评级
	观赏游憩使用价值	历史文化科学艺术价值	珍稀奇特程度	规模、丰度与几率	完整性	知名度和影响力	适游期和适用范围	环境保护与环境安全		
舞鱼龙	16	14	8	6	3	5	1	3	56	二
郭家大院	23	17	11	6	4	5	5	3	74	三
带龙桥	23	18	12	7	4	7	5	3	79	四
东门楼	20	16	9	4	4	5	5	3	66	三
亦孔之固	20	15	11	6	3	5	5	3	68	三
欧阳予倩故居	22	16	10	5	3	6	5	3	70	三
黄姚豆豉	18	14	5	5	4	6	5	3	65	三
九制黄精	21	18	12	6	4	7	4	3	75	四
郭氏宗祠	22	17	11	6	4	6	5	3	66	三
南蛇出洞	16	16	11	5	3	6	5	3	65	三
石跳桥	18	15	8	5	4	3	3	–4	52	二
睡仙榕	16	15	11	6	3	7	5	3	66	三
舞狮	16	15	10	5	4	5	3	3	61	三
柚子灯节	16	12	11	5	3	5	3	3	58	二
文明阁	13	11	4	4	2	3	3	3	42	一
见龙祠	15	10	7	5	3	6	5	3	54	二
瑶族锦绣	17	15	14	5	3	6	5	3	68	三

三、黄姚古镇旅游资源综合定量评价

根据《旅游资源分类、调查与评价》（GB/T 18972–2017），并结合《旅游区（点）质量等级的划分与评定》（GB/T 17775–2003）标准将黄姚古镇作为一个整体旅游地，对其整体旅游资源内在价值进行综合评价。旅游资源综合内在价值为80分。按照《旅游资源分类、调查与评价》（GB/T 18972–2017）中关于资源等级划分标准，黄姚古镇旅游资源整体达到国家四级资源标准。评价结果见表2–4：

表2-4　　黄姚古镇整体旅游资源内在价值综合评价表

评价项目	评价因子	满分	评价依据	赋值
资源要素价值表 65	观赏游憩使用价值	25	有较高观赏/游憩/使用价值	22
	历史文化科学艺术价值	15	具有省级意义的历史/文化/科学/艺术价值	13
	珍稀奇特程度	10	景观突出、其他地区少见	7
	规模与丰度	10	复合型旅游资源单体结构完美、疏密度优良	6
	完整性	5	形态与结构基本完美	3
资源影响力 35	知名度与影响力	10	在本省范围内知名	8
	美誉度	10	有较好的声誉，受到70%以上游客和相关专业人士的誉匾赞美	8
	开发潜力	10	有较好发展前景	8
	适游期或使用范围	5	适宜旅游的日期每年超过300天	5
总计		100		80

第二节　古镇主要旅游资源

一、带龙桥

带龙桥位于古镇内，是黄姚八景之一，也是古镇最美的景点，始建于明朝万历四年，清乾隆二十三年重修。带龙桥的石块是用铁卯卯住，不用任何黏合物，石块牢牢地连在一起，将重力均衡地落到桥拱上，防止日久石板向两边分离。桥的设计不仅美观而且科学，分“水拱”和“旱拱”大小二孔，涨洪水时，洪水经“旱拱”流出，减轻洪水对桥身的冲击力，所以“旱拱”的作用就是排洪。桥头的亭子为“见龙祠”，用以祭祀“神龙”。带龙楼青砖瓦盖，楼门有“带砺河山依然半壁，龙腾瑞霭又是一楼”的对联。桥的上游，有两块石头，平时露出水面，遥看恰似一对鸳鸯，古称：鸳鸯戏水。就在其右岸，修建有“见龙祠”一座，四周有光滑的石凳，当人们坐在石凳上，清新空气扑面而来，青山绿水尽收眼底，鸟鸣水声声声入耳，将其称为人间仙境也不为过。桥的右边怪石嶙峋，石缝长出古树数株，树荫底下有一钓鱼石，稍下有一大石头，形如龟伏于江边，称乌龟爬沙；另有一大石头形似骆驼，称双峰骆驼。左边桥下有一社公台，初一、十五，村民都在此烧香，平时则供村民和游客在此休息。桥北端土墩上长有一棵榕树，可供游人休憩乘凉，文人雅客至此，使他们诗情勃发。清光绪年间，本地秀才郭臣诗云："虹腰小小本天然，斧凿神工不记年。造化由来心最巧，却从石窟放清泉。"黄姚古镇邮票经国家邮票印制局设计人员现场采风、精心绘制，选取黄姚古镇带龙桥景观，生动地刻画了古镇这一标志性景点，勾画出一幅和谐、秀美、生态、古香古色的人文景观。

二、中共广西省工委旧址

中共广西省工委旧址，原址所在的宝珠观，始建于明朝嘉靖三年，清朝乾隆九年扩建，嘉庆、道光、光绪及民国初年多次重修，定农历三月三为庙会；过去有和尚十几人，分上下殿，砖木结构，院落式建筑，正脊有琉璃构件，屋顶为硬山顶，双耳形烽火墙，琉璃瓦檐。1942年桂林"七九"事件后，以钱兴为书记的中共广西省工委机关（以下简称"省工委"）撤到农村，1945年夏迁到昭平县黄姚镇，以宝珠观作掩护，隐蔽地开展革命工作。当时随省工委疏散到黄姚的还有何香凝、欧阳予倩、千家驹、张锡昌等大批爱国知名人士。1947年7月，省工委奉命撤销。1986年修复中共广西省工委黄姚旧址，建造钱兴塑像，同年7月举行盛大典礼大会，同时开设纪念馆。为进一步做好文物保护管理工作，该革命遗址于1994年被列为自治区级重点文物保护单位。

目前，该革命遗址保存完好，作为广西青少年爱国主义教育基地对外开放。2014年，昭平县人民政府对广西省工委旧址再次修缮和重新布展陈列，陈列内容包括"广西省工委在黄姚""民族人士在黄姚""民盟教育基地展示""广西青少年爱国主义教育基地"等（图2–1）。

三、龙爪榕

黄姚一百年以上的古树名木有60株左右，其中最古老的是双龙桥边的龙爪榕，已经有八百多年树龄了，树高17米，冠幅32.5平方米。榕树那一束束相互

图2-1　中共广西省工委旧址

缠绕、又拧成一把把粗大有力的榕根，如“龙”的爪子，张牙舞爪地守在村口，仿佛在庇佑着它的子孙后代，让黄姚这个历经历史变迁却古迹完存的古镇再次迎来繁荣。

四、钱兴烈士像

钱兴烈士像，1986年建成，位于中共广西省工委旧址（黄姚大门处）钱兴烈士曾在黄姚开展过革命工作，现在到黄姚旅游的人们，都要到这里瞻仰钱兴烈士塑像，缅怀烈士光辉业绩，学习烈士的革命精神。

五、司马第

司马第是黄姚古镇代表性景点之一，位于黄姚龙畔街，为清代建筑，是一座依靠地势递进式的老宅院。司马是中央官名，西周开始设置，位次三公，与六卿相当，与司徒、司空、司士、司寇并称五官。司马第大院门口有完整的石鼓，院落面阔和进深各3间，中间前后座分别为大门和正房，正中为天井，两边为厢房，司马第的建筑格局是黄姚其他民居的缩影（图2-2）。

图2-2　司马第

六、仙人古井

仙人古井，是黄姚古镇代表景点之一，古井的泉水常年清澈不干枯。当地流传着一个传说，农历七月初七上午在井中取水，饮后百病不生，延年益寿。仙人古井最独特地方是由多个方池相连，每个方池功能排序很有讲究，第一排分别是饮水池和洗菜池，第二排是3个洗衣池。从泉眼流出的水先供饮用，然后再依次进入洗菜池、洗衣池，最后汇入河中。几百年来，当地居民遵循着古老的传统，汲取饮用水在第一口井，洗菜在第二口井，洗衣服在最后一口井，自觉遵守这种约定俗成的传统，代代相传。也正因如此，宝贵的古井没有受到破坏。相传，农历七月七日的清晨，雾浓得化不开。一位浣衣女踏着晨雾来到姚江边的一口水井浣衣，恍然间，她发现有7位仙人正在水井嬉戏，浣衣女被眼前的情景惊呆了，当她回过神来，仙人却消失得无影无踪，浓雾也散了。浣衣女把这件事告知了镇子上的人，人们出于好奇纷纷到这口井来取水。之后更神奇的事情发生了，有人用那天取的水洗澡，身上的疮癞竟痊愈了；洗竹器，不生虫；做豆豉，更美味；配药，药力增强；那一天取的水盛在家里，一年半载不生虫不变质。后来，镇子上的人每逢七月七都要到这口井里盛水试验，屡试屡灵。再后来，镇子上的人把这口井的水称为“神仙水”，把这口井尊称为“仙人古井”。有关部门进行科学检验，发现井水含有多种人体所需的微量元素，尽管如今镇子已有了自来水，但仍有很多居民来这里挑水回去饮用。黄姚古镇长寿老人多，或许与这口井息息相关。

七、古戏台

在黄姚街东北角，始建于明嘉靖三年，清乾隆、光绪年间多次重修，1983年再次重修。前台长8.6米，宽4.2米，后台长12.8米，宽4.6米，总高约8米，台基高1.6米，台柱直径0.25米。门高2米，宽1米，台阶高1.6米，宽0.9米。戏台乃亭阁式，砖瓦石木结构，单檐歇山顶，坐东朝西，分前后台和厢房三部分，左厢有台阶可登台。台基全部用大青石板镶砌而成，戏台铺以木板，左右有木栏杆，前台与后台之间用板屏间隔，戏台呈“凸”字形，雕梁画栋。戏台上有八根木柱，并有石柱础，第二道台柱刻有：“闻其声乐则生矣不妨既竭耳力，观其色人焉瘦哉正须继以心思”的对联。其大意为：竭力用耳朵去聆听其声音和音乐，则能了解它来自何处，如何产生，努力用心思去察言观色，就能了解这个人。作者用戏台的角色喻意人生大舞台的哲理。板屏上隔窗中间的上方有一匾额镌“可以兴”3个金色行书大字，后台左右各有一门，左门楣有“飞燕”，右门楣有“惊鸿”，之上有“古松寿鹤图”和“梅花鸟语图”。前台天花板中间有一幅“双凤奔月图”及蝙蝠、花草、蝴蝶等图案。另外，正房顶雕饰着花草、动物等，中间设有葫芦宝瓶。据传台底四角置有大水缸，可产生声音共鸣，在10公里外的高地可闻锣鼓声。戏台的全盛期是雍正末年与乾隆初年，当时的黄姚是个手工业、商业较发达的小镇，生活较富裕、文化较繁荣，戏台上经常有戏唱。看戏的人们也乐于解囊集资，兴建街巷及亭台楼阁，前后请了一百多个湖南石匠来黄姚做工。现在戏台底座的石刻和一些祠堂的雕花柱就是当时湖南师傅留下来的艺术品。黄姚古戏台衰落于咸丰年间，戏台连续几年不唱戏。至光绪十年才又逐渐热闹起来，历时二十多年，到宣统年间又走向衰落，仅逢年节才在戏台上公演一两晚。直至现在，在黄姚旅游业的带动下，古戏台又逐渐恢复了往日的热闹景象。1983年5月，昭平县人民政府公布古戏台为重点文物保护单位。《中国戏曲志·广西卷》已把黄姚戏台收入卷内。

八、东门楼

黄姚古镇的门楼分为东门楼、西门楼、南门楼，然而最重要的关卡，保存完好并颇具特色的要数东门楼。东门楼建造于清乾隆二十年，原高约10米，面积135平方米，是村民为防外人侵犯而建造的。清光绪九年，竹头背庄民黄懔云高中进士，便为东门楼题了“大启文明”的匾额。随着岁月的变迁，东门楼历经战争，后又光复、重修，但它所留下的历史依然不可磨灭。现在的东门楼在黄姚中兴街，通高约7米，宽约5米，门宽16米。正面门墙全部用青石砌成，厚度达80厘米。砖木石结构，硬山顶，两层。上层为望楼，前后有窗户，正面有一圆形瞭望孔，两侧分别有防御枪眼；下层为通道。大门两侧的外联为：“川达三江直绕遇珠海姚溪雄吞西域，楼成五凤特耸出螺峰文峡关键东门。”此联为清乾隆举人林作揖所作。清代以前，黄姚是湘西、桂北出海通衢上的名镇。对联体现了它的这一特殊地理位置，经过黄姚的小珠江和姚江直达三江四海至西域。把镜头推远，东门楼被喻为京城的五凤楼，再把镜头拉近，作为黄姚镇的一个重要出入口的东门楼，还有螺峰、高峡作屏障，成为古镇雄关，气势恢宏。据说古代各级官员，不论骑马还是乘轿至此，都自觉下马落轿，被此联的雄浑气势所折服。而内联：“明月照山间月移山影行人往，清风飘云际风送云踪去复来”描写的却是另外一种诗情画意的景象，与外联形成了强烈的反差（图2–3）。

九、郭家大院

郭家大院位于黄姚古镇西南边，毗邻太平门，是典型的平地庭院式建筑，修建于清乾隆年间，占地面积约13333平方米。门前有池塘和花园，房舍百余间，由前厅、庭院、后厅和厢房组成，庭院两侧各有一道圆拱门，分别称作月亮门和太阳门，门上设有隐蔽木制防盗插锁，只能在里面开关。

大院设计巧妙、严谨，建造所用每一块砖都是精心打磨而成的，现仍保持完整（图2–4）。

黄姚古镇里虽然有很多姓氏院落，但郭家大院的规模算是最大的，也能看出其在镇里的地位。整个大院很有明清的感觉，而旁边的祠堂也能看出郭家过去的兴旺和辉煌。

图2-3 东门楼

图2-4 郭家大院

十、黄姚豆豉

豆豉是黄姚的特产。起源于明朝初期，已有几百年的悠久历史，清康熙前已颇有名气，乾隆时最盛，一度成为朝廷贡品。黄姚豆豉采用传统古法工艺加上仙人古井的水精制。原材料黑豆产自农家田园无公害种植基地，绿色天然。再经过选料、蒸煮、发酵、晒制等工序加工而成。黄姚豆豉加工技艺已经被列入广西非物质文化遗产名录。古镇上老字号的豆豉品牌有“杨晋记”“古怡盛”等，产品销往广东、湖南、香港、澳门等省市，远销新加坡、马来西亚和菲律宾等国家。

十一、宝珠观

宝珠观，始建于明嘉靖三年，当地人初建。清乾隆九年，由壮族、汉族合资扩建，嘉庆、道光、光绪及民国初年重修。由大殿、门厅、厢房、天井、回廊等组成，占地面积1333多平方米，每年农历三月三为庙会。殿堂皆雕梁画栋，石刻石柱，琉璃瓦盖，尤其是屋脊上那历经岁月洗礼的琉璃构件饰物和弯翘的檐角吻兽，至今还散发出浓浓的艺术感染力。观门前有一对石狮镇守，照壁月门有联，横批：“镜里天花”，对联为：“窥透灵山千叠嶂，别开莼率一重天。”寺观三面临水，旁有古榕数株，枝繁叶茂、掩天蔽日。宝珠山下有一拱桥，桥头建有佐龙祠，桥下有一大石，形似鲤鱼，且还有一“禹门”，约3米多高，称为“鲤鱼跳龙门”。宝珠观的左侧是著名的黄姚古戏台，前面是清波泻玉的姚江，在此建有石跳桥，供行人往来之便。1944年，日军侵入广西，大批爱国民主人士从桂林等地辗转疏散到黄姚，在千家驹、欧阳予倩、陈邵先、张锡昌等人的倡议下，创办了临江中学黄姚分校，以宝珠观为校址。1945年秋，以钱兴为书记的中共广西省工委迁至黄姚，也设在宝珠观内。其现已被列为广西壮族自治区重点文物保护单位和爱国主义教育基地。

十二、广西省立艺术馆旧址

从明万历年间开始，黄姚的古、莫、梁、郭、劳、林、吴等大姓人家为了扩充势力，团结一致对外，为求本族人丁兴旺，财业发达，纷纷在古镇建造宗祠。古镇内现有各姓氏宗祠11座，结构规模宏伟壮丽，装饰豪华考究。其中以吴氏宗祠最富特色，宗祠分前座、后座，中间有一天井，祠内格外明亮。宗祠墙面绘制了许多山水花鸟和人物题材的壁画，构图美观，线条流畅，栩栩如生。抗战时期，广西立艺术馆疏散至黄姚，曾把吴氏宗祠当作课堂，如今宗祠被公布为广西省立艺术馆旧址，是省级重点文物保护单位。据说吴氏宗祠的主人发家于为朝廷纺织布料，垄断了整个贺州的布业，不仅包揽了地方朝廷用布，还因其布料质量好，价格公道，逐渐在民间也备受欢迎。

十三、《广西日报》旧址

1944年9月，日本军队从北向南直逼桂林，中共南方局从安全的角度出发，让在桂林的何香凝、梁漱溟、高士其、千家驹、欧阳予倩等一大批文化名人和爱国进步人士疏散到昭平县。同年12月，局势变化，大部分爱国人士又从昭平县转移到黄姚镇开展革命活动，当时，黄姚名人荟萃，抗日气氛空前高涨，他们在黄姚创办了《广西日报》(昭平版)，报纸对广西影响很大，唤醒了民众积极参与抗战，宣传中国共产党的抗日民主政权施政方针，宣传中国共产党“坚持团结，反对分裂；坚持抗战，反对投降；坚持进步，反对倒退”的主张，为全国夺取抗日战争的最终胜利作出积极的贡献。

十四、文明阁

文明阁是建在黄姚古镇天马山上的一座寺庙，始建于明代万历年间，后经多次重修，最近一次重修是1986年。文明阁前依姚江，右傍螺山，古刹宝亭掩映在绿树丛中，是旧黄姚八景之首，原有步云亭、文明首第、土地祠、豁然亭、福禄亭、惜字炉、天然图画、财神殿、大堂正殿、不夏亭、桂花亭、魁星楼等十多处景观，名人游客在殿侧的石壁上题刻颇多。其中“鸢飞鱼跃”四字为唐韩愈手迹，“小西湖”为贺州清太史刘宗标手迹，笔法苍劲，常有游人临拓。登魁星楼遥望，真武屏幛、宝珠古刹、螺岫烟云、东门飞渡等胜景，尽收眼底。阁之附近，嵯峨怪石嶙峋，古树成荫，故前人写有“林茂风光多润泽，登险览胜叩柴扉”之赞句。可惜年久失修，现只存文明首第、福禄亭、天然图画、财神殿、有声门、惜字炉、大堂正殿、魁星楼8处景观。

十五、螺山

螺山孤峰挺秀，半依姚江，半枕岸边，宛如一只散落在清澈碧丽江畔的巨螺，姚江就像系在巨螺腰间的玉带，轻盈飘逸。倒映在清澈如镜的江水中的螺山，犹如一个美少女，正在含情脉脉地梳妆打扮。据考证，此处原为海洋，由于地壳变化，后演变为陆地，如今螺山上还有许多螺的化石（图2–5）。

图2–5　螺山

第三节　古镇旅游资源特征

一、文化底蕴深厚

1. 楹联文化

丰富的楹联石刻是黄姚古镇独特的文学艺术表现形式。明末清初黄姚人读书之风盛行，文化氛围醇厚，人才辈出。过往的文人墨客不断，山光水色、亭台楼阁、寺庙等都是他们吟诗作对的题材，著名诗人韩愈、清代进士刘宗标等都曾在此留有墨迹。历代名人赞美黄姚的诗达186首，楹联有197副，形成了具有乡土特色的诗联文化。数百年来，黄姚镇有许多内容丰富的牌匾，反映出明清至民国初年社会经济、文化的繁荣兴旺。黄姚现存牌匾50多块，其中“模范长留”“且坐喫茶”及清光绪皇帝亲赐的圣智牌匾最为珍贵，“且坐喫茶”已被《中华名匾》的“庙子大观”部分收录。黄姚现存历史牌匾内容主要反映的是古镇明清至民国初年的民风习俗和生活景象，有着深刻的历史背景。整座古镇，就是一部完整的桂东居民文化史（图2–6）。

图2–6　古戏台楹联文化

2. 红色文化

1944年冬，日本侵入中国广西，桂林沦陷（桂林是当时广西省工委所在地），广西省工委在钱兴的领导下迁至黄姚宝珠观开展工作，当时随省工委疏散到黄姚的还有何香凝、欧阳予倩、千家驹、梁漱溟、张锡昌等大批知名人士。为纪念这一段历史，宝珠观被定为广西省工委旧址，并于1990年被列为省级重点文物保护单位。广西省工委旧址也成为中国共产党员重温入党誓词的基地和广西各民主党派政治交接教育基地。

图2-7　欧阳予倩寓

在广西省工委旧址里，陈列有钱兴塑像，陈伟东、杨汉成、姚大年、江清、范克武、邹冰、苏曼、黄彰、罗文坤等中国共产党员以及何香凝、陈劭先、千家驹、欧阳予倩、梁漱溟、张锡昌等爱国民主人士的挂像和简介。当时的广西省立艺术馆馆长欧阳予倩就曾把艺术馆搬迁到黄姚镇，把吴氏宗祠当作课堂，继续在这里开展工作。现在吴氏宗祠被设为“广西省立艺术馆旧址”，是省级重点文物保护单位。

如今，在黄姚古戏台对面保存有1986年重修的中共广西省工委机关旧址，旧址前方的小广场上建有3米高的钱兴烈士像供人们缅怀，其他旧址包括《广西日报》（昭平版）旧址、何香凝寓所旧址、高士其寓所旧址、欧阳予倩寓所旧址（图2-7）等。1995年12月，黄姚古镇被中共广西壮族自治区委员会、自治区人民政府列为广西壮族自治区爱国主义教育基地。

3. 民俗节庆

农历正月初一至正月初三桂剧表演、正月初二扎鱼龙灯、三月三对山歌、七月初七取水节、七月十四柚子灯节、“三王爷”出游都是黄姚古镇的特色民俗节庆。

初二晚，舞鱼龙晚会开始。鱼龙包括布龙、草龙、狮子、木猫、马鹿和各种鱼以及鸡、鸭、鹅等吉祥物。有鼓、八音等乐队演奏，有金童玉女、大头罗汉的扮饰，还有走马灯、烟花、硝炮、各类纸炮来烘托热闹气氛。

每年的中元节（当地是农历七月十四），在黄姚古镇的姚江会举行水上柚子舞龙灯活动，这是在我国很少见的一种舞龙方式。黄姚人扎的龙与人们常见的旱龙不同，龙头像一间漂亮的小花房，扎着彩旗，用彩灯装饰，龙门写着祈求“五谷丰登，国泰民安”的对联。龙头至龙尾近百米长，是由一只只生柚子削去较尖的一面，挖去柚子芯，然后将柚子皮用麻绳串起来，在柚子皮上插上点燃的香和红烛。到傍晚天黑时，敲锣打鼓，鞭炮连天，一群光着臂膀、头上扎着彩巾的壮汉们在锣鼓和鞭炮声的伴奏下，登上竹排，开始舞龙灯。华灯、烛光、烟花一起倒映在姚江的江面上，场面非常壮观。这项民俗节庆活动千百年来从无间断。

4. 饮食文化

黄姚古镇地处亚热带季风区，雨水充沛，光照充足，自然生态环境良好，适应各种食材原料的生长，自古就有丰富而独特的饮食文化。明末清初时，黄姚古镇已是广东、广西、湖南三地交界处的商业重镇，饮食文化别具一格。诸如榨油、制豆豉、酿黄精酒等手工生产，在吸取中原饮食文化的基础之上，形成了黄姚人精制而质朴的饮食习惯。由于从广州南迁而来的客家居民较多，所以饮食清淡，制作方式以煮、煲、蒸、炖为主。黄姚美食具有“种类繁多、风味独特、营养价值高、制作工艺精湛”等特点。黄姚饮食以“黄姚三宝”即豆豉、豆腐、黄精最为有名。

黄姚豆腐用优质黄豆和洞穴清泉制作，浆磨细腻，滤渣干净，故特别鲜嫩、细腻，食之鲜美、滑喉。佐以当地新鲜食材，可制出味美可口的豆腐酿。

黄精既是药材，亦是野菜，使用黄姚野生黄精、优质大米、红枣等酿制而成的黄精酒，酒味飘香、色泽金黄剔透，口感甘甜、醇厚顺滑，犹如琼浆玉液。据说常饮有滋阴补肾、乌发润燥、护肝肾、丽容颜、延缓衰老等功效，是清康熙至光绪年间的宫廷御用贡品，已有二百多年历史。

黄姚豆豉是用黄姚特有的黑豆、仙井泉水和当地人古老独特的手艺精制而成，乌黑发亮，香味浓郁，不添加任何化学成分。它不仅属纯天然调味佳品，而且具有较高的药用价值，有助消化、防疾病、减慢老化等功效，曾为清代御用厨师首选的烹饪佐料。2008年，黄姚豆豉制作工艺被列入广西非物质文化遗产名录，2012年11月22日，原国家质检总局批准对“黄姚豆豉”实施地理标志产品保护。著名的“黄姚豆豉宴”菜式有“豉汁蒸排骨”“豆豉焖五花肉”“豉汁白切鸡”等。2003年春节期间，中央电视台播放了黄姚豆豉专题片，使得古镇更声名远播。

5. 宗祠文化

在清康熙至乾隆年间，古镇人口迅猛发展，经济空前发达。各氏族之间为了扩大影响、团结和谐，也为了本族的精神财富和物质财富得到传承，纷纷筹集资金在古镇选址建造宗祠。祠堂是联系同姓家族关系的纽带，也是举行各种祭祖活动的场所。黄姚古镇至今完好保存了九大姓氏的9宗祠和2家祠，其中以古氏、莫氏和劳氏的宗祠最大，吴氏宗祠最具特色。

黄姚吴氏宗祠，在黄姚街南面，为县内吴姓祠堂，始建于明末，清代多次重修，砖木石结构，面宽3间，硬山式屋顶，镬耳形凤头墙，琉璃瓦檐，雕梁画栋，封檐板镂空雕刻，工艺精细。其前座、后座及天井四周的墙头上，共绘有壁画48幅，大致可分为山水、花鸟和人物三种。这些壁画属刷地壁画，构图美观，线条流畅，具有较高的艺术价值和历史价值。虽经历了百余年，但绝大部分画面和色彩均保存完好，可以看出既具备了岭南建筑的秀丽精美，又具备了中原地区的典雅庄重的特点。1944年秋，广西省立艺术馆疏散到黄姚时，就在这家祠堂上课和开展抗日救国宣传活动。著名戏剧艺术家欧阳予倩和画家蔡迪支、易琼等人曾在此工作。1983年，昭平县人民政府公布“吴氏宗祠”为县级重点文物保护单位，并悬挂“广西省立艺术馆旧址”直式牌匾，以资纪念。

当初是谁见到神龙降临黄姚的，已没有人去认真考究了。但为了纪念人们看见龙游黄姚这件盛事，也为了让神龙永驻黄姚，期望黄姚从此以后能够风调雨顺，四季平安，人们在清初修建了一座祠，用以祭祀神龙，此祠名曰：见龙祠。见龙祠为单座亭式祠，砖石结构，中有祀台，台下有焚纸炉，两旁建有碑坊。该祠巧妙地建在溪边，路中紧靠山宅墙边，可供过往行人小歇、观景。祠的下边有龙泉井。据说龙在此洗澡后就潜入土中，当地人掘土寻龙，结果掘出了这口井来，因而称为龙泉井。祠的柱子上分别有联，中联：“见隐显微一甲咸蒙保障，龙盘虎踞千秋共仰英灵。”前联：“开拓四壁凭看石，闲对中流为听泉。”左联：“坐久不知红日到，闲来偏笑白云忙。”右联：“画意诗情山色裹，天光云影水声中。”

古镇居民祖先大多来自广东珠玑巷、鹤山县等地，过年期间各宗祠都有其独特的祭祖活动。参加祭祖的宗亲除来自广西各地外，还有很多粤港澳台等地的亲人，场面十分壮观。

6. 长寿文化

2016年10月19日，贺州市被国际人口老龄化长寿化专家委员会认证为“世界长寿市”。在贺州管辖的“三县两区”中，昭平县、富川县、钟山县均获“中国长寿之乡”称号，是目前全国唯一的“中国长寿之乡”县域全覆盖的地级市，是名副其实的“世界长寿市”。目前，贺州市百岁老人高达474位，百岁老人比例每十万人口有19.91人，远远超过国际公认长寿标准，是“中国长寿之乡”。而黄姚古镇以良好的生态环境、闲适悠闲的生活节奏、丰富的特色美食，孕育了它自身亮眼的长寿文化。

黄姚的生态环境优良，绿化覆盖率高，绿树成荫，空气中负氧离子含量高，空气清新，居民依山傍水，与自然和谐共生。黄姚的高龄老人们在此生活多年，精神矍铄，身体强健，优良的生态环境无疑就是他们长寿的首要条件。

黄姚古镇的饮食文化源远流长，早已形成了合理健康的膳食结构。黄姚古镇居民多以水稻、玉米为主食，以黄豆、红薯、芋头为副食，食用油多用当地生产的花生油。此外，他们还有饮茶的习惯。食材原料多为黄姚居民自己种植生产的农产品，属于天然绿色的健康食品。

黄姚古镇远离喧嚣，居民们有着闲适平静的生活节奏。俗话说“饭后走一走，活到九十九”，他们习惯在古镇内休闲散步，呼吸新鲜空气。古镇内戏院戏台常有演出，节庆活动亦常常举行，居民们邻里关系和睦，民风淳朴，自然而然就能够保持满足和愉悦的心情。

长寿文化浸润贺州整座城市，关于“长寿文化”的实物古迹繁多。作为长寿之地的广西贺州，三县两区都发现了各朝各代的寿碗。如贺州长寿文化专题博物馆展出的“喜寿”字绿釉坛、梵文“寿”字斗笠碗、仿哥窑“寿”字青花大海碗、“寿”字纹粉彩碗、百“寿”图粉彩碗、五彩吉祥花茶盖碗、寿星壶、“长寿”食盒等带“寿字纹”的器具。该馆馆藏带“寿”字的贺州文化实物1880多件，不仅包括碗、盏、盘、碟、杯、坛、缸、罐、印模、花板等日常用品，还包括寿匾、寿联、寿屏、寿幢、寿碗、寿星、寿仙娘娘等祝寿礼物，从日常生活与文化习俗等多个侧面展示了贺州的长寿文化。

二、景观建筑风格独特

黄姚古镇有门楼、古戏台、古街、古井、民居、宗祠、庙宇、桥、亭、匾等众多的建筑遗产。古镇明清古建筑保存有300多幢，面积达1.6万平方米，完整保存8条石板街，包括金德街、迎秀街、天然街、中兴街、安乐街、连理街、龙畔街、山磅街，全部用青石板砌成，全长10多千米。还有亭台楼阁10多处，包括文明阁、宝珠观、天然亭、东门楼、豁然亭、不夏亭、魁星楼、兴宁庙、古戏楼、守望楼、真武亭、古乐亭。寺观庙祠20多座，包括兴宁庙、狮子庙、佐龙祠、见龙祠、吴家祠、郭家祠、梁氏宗祠、劳氏宗祠、林氏宗祠、黎氏宗祠、黄氏宗祠、古氏宗祠、莫氏宗祠等。特色桥梁11座，包括带龙桥、护龙桥、天然桥、双龙桥、锁龙桥、护龙桥、佐龙桥、利民桥、石跳桥等。楹联匾额上百副。古镇建筑具有很高的审美价值，其设计建造匠心独运，从建筑学上说也是一笔宝贵的遗产。

古镇的整个建筑由8条街巷构成，呈九宫八卦阵式，设计较为完整，具有浓郁的岭南建筑风格。8条街巷中以鲤鱼街最为出名，这是一条狭窄、曲折、幽深而又古色古香的街道，巷子入口有厚重的大门和四根用以顶门的立柱，显得雄伟峻峭，有气吞山河之势。巷内各家住房多为明清时期所建，建筑风格相似，其特点为砖大、墙厚、房高院深、斗拱飞檐、雕梁画栋，是岭南建筑风格的具体表现。古镇街道全部用方正、平展的青石板铺成，石板块与块之间没有任何黏合物，全靠准确的尺寸把它们牢牢地拼接在一起。综观古镇整个建筑群，体现出其共有的特点：构思精巧、布局合理、气势恢弘、风格高雅、用材考究、质地坚固、管护完好，在建筑艺术、雕塑艺术、绘画艺术等方面都有欣赏和借鉴价值。

三、神秘壮美古龙文化

关于龙的神话传说是中国神话传说的重要组成部分。作为神兽的“龙”的形象，是雄健而神秘的，深受人们的敬畏和尊崇。黄姚无处不留下“龙”的身影，很多景观都是以“龙”字命名的，从大小龙潭、接龙门、龙畔街、带龙桥、带龙楼、见龙祠、护龙桥、佐龙祠、佐龙桥、回龙庙，到黄姚八大景二十四小景中的龙楼春涝、鲤鱼化龙、白马龙潭，真可谓“黄姚古镇皆龙景”。在这遍地“龙景”的古镇，关于“龙”的传说自然是必不可少的，其基本遵循“龙游黄姚”以及“龙降妖”的模式。在种种“龙出游与降妖”的传说中，烘托和渲染的是一种大场面、大搏斗的氛围，蕴含“力量、腾飞、奋进”等精神气质，这是一种壮美之境。壮美，是中国古典美学的一个重要范畴，又称“阳刚之美”，是指审美对象以其粗犷、博大的感性形态，劲健的物质力量和精神力量，雄伟的气势，给人以心灵的震撼，使人惊心动魄，心潮澎湃，受到强烈的鼓舞，激发人们产生敬仰和赞叹的情感，从而提升和扩大人的精神境界。“龙”传说的壮美，使黄姚古镇的“龙景”熠熠生辉，它使原来优美的静态景观有了升腾的动态感，这就扩大了黄姚自然景观审美形态的特征，使审美主体获得一种“刚柔兼济”的审美体验。

四、自然山水奇秀优美

黄姚古镇地处漓江下游，素有“诗境家园”的“小桂林”之称。古镇有“六多”：山水岩洞多、亭台楼阁多、寺观庙祠多、祠堂多、古树多、楹联匾额多。古镇内有山必有水，有水必有桥，有桥必有亭，有亭必有联，有联必有匾，构成了古镇独特的风景。古镇8条主街道全部用青色石板镶嵌而成，虽历经沧桑，但至今仍无丝毫松动，街道平滑如镜。

黄姚古镇的自然景观“气、韵、神”极具观赏价值。黄姚古镇属典型的喀斯特地貌，古镇内孤峰平地而起，山体险峻、岩壑雄奇、造型奇特。姚江、小珠江和兴宁河三条河流流经古镇，蜿蜒于山脚，碧绿如黛，山环水绕。三条河流是古镇的灵秀之本，与古镇青山民居完美结合成动静一体、声色一脉的艺术体。

五、古树名木郁郁葱葱

古树名木繁多是黄姚古镇的一大特色，全镇共有几十株古树，古榕有7株，包括龙门榕、龙爪榕、睡仙榕、大叶榕（变色榕）、千年石上榕等，其中龙门榕和龙爪榕有800多年的树龄。还有10株龙鳞树，又名黄连木；有12株古樟树。这些古树千姿百态，有的冠如华盖、遮天蔽日，有的造型奇特、苍翠壮观，成为古镇风景的上佳点缀。

图2-8　龙爪榕

六、奇石怪洞异彩纷呈

黄姚镇的洞穴多为岩溶洞穴。最近的聚仙岩位于镇西南隔江山上，岩洞为层石楼，每一层都有特色，具备很高的观赏价值和科考价值。据居民反映，岩洞规模巨大，直通古镇地下，正待探明。著名的“黄姚八景”，如盘道石鱼、金鸡晒肚、南蛇出洞、仙龟爬沙、天然石门、鲤鱼跳龙门等景观，奇石浑然天成，虽然规模不大，但是造型奇特，与周围环境协调一致，互为衬托，是古镇风景的神韵所在。

七、生态环境清新洁净

黄姚古镇处于群山包围之中，封闭的地理环境，传统的田园生活，没有工矿企业，宛若世外桃源。这里山清水秀，绿树成荫，田园风光清秀纯朴，自然环境十分优美。空气、水体污染程度低，空气质量达到国家一级标准，环境质量上乘。

第三章

黄姚古镇旅游市场

第一节　古镇潜在旅游客源市场调查

一、调研样本说明

为了解黄姚古镇的旅游发展前景，开发适销对路的旅游产品，制定有效的旅游市场营销策略，并为管理人员提供有力的数据支持，笔者于2020年6月22日在广西进行了相应的市场调查。调查期间。累计发放调查问卷400份，共收到377份有效调查问卷，有效率94.25%，排除调研的社会宏观影响因素，本次调研结果真实可信。

二、调研样本的人口统计学特征

1. 潜在游客的性别构成

问卷调查结果显示，本次参与黄姚古镇潜在游客旅游行为调查的女性游客居多，占51.99%，男性游客比例相对较少，占48.01%（图3–1）。

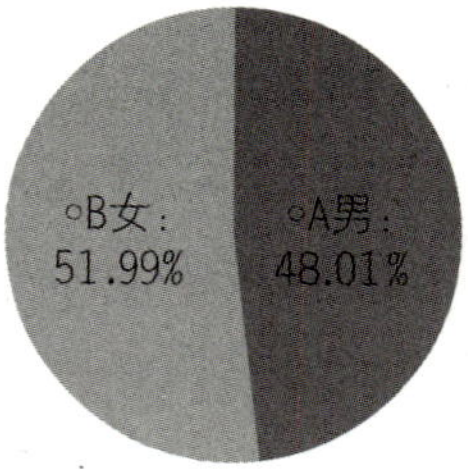

图3–1　潜在游客的性别构成

2. 潜在游客的年龄构成

在本次调研样本中，游客的年龄结构以18～24岁的年龄段为主，占50.13%，其次是25～44岁年龄段，占26.79%，其他年龄段相对较少。由此可以看出，潜在游客市场主要在中青年游客。近代科技发展迅速，抖音、快手等网络平台的出现，被年轻一代所接受，因此也更容易接触到黄姚古镇的网络宣传，了解黄姚故事。由于年轻人思想更为开放，更容易产生去黄姚古镇游玩的想法（图3–2）。

3. 潜在游客的职业构成

黄姚古镇的潜在游客群体以学生、自由职业者、公司职员或者工人、企事业管理人员、教职工、公务员等职业为主。这些群体的时间支配相对自由，自我意识强，游玩目标明确，对游玩中的食、住、行、购、娱要求较高，且出游的消费能力较强，是景区的主要游玩群体。而离退休人员、农民、个体商户、其他职业占比较少，但是市场潜力巨大，只要做好宣传，这部分人也会变成忠实游客。下岗及待业人员占比不到1%（图3–3）。

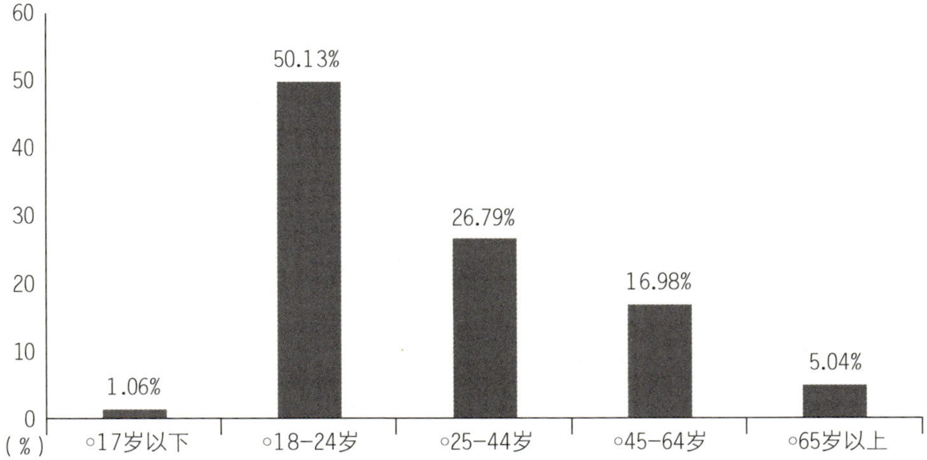

图3-2　潜在游客的年龄构成

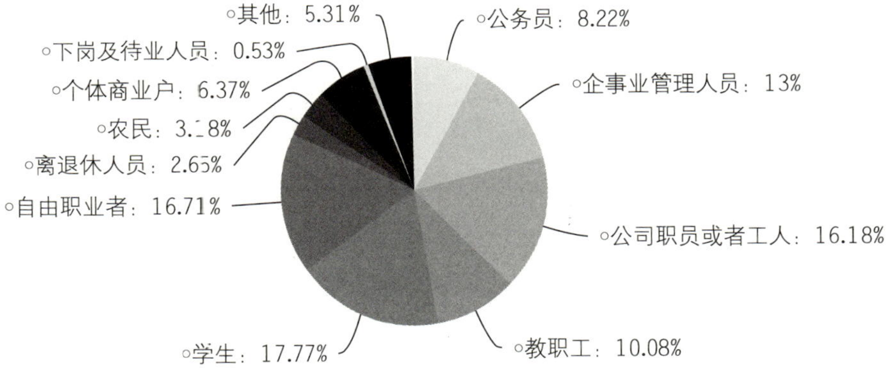

图3-3　潜在游客的职业构成

4. 潜在游客的受教育程度构成

由调研结果可以看出，本科学历的比例较大，占47.48%，高中/中专、大专、研究生及以上学历游客也均占有重要比重。可见现在大多数游客的受教育程度普遍提高，也能满足最基本的生活需求，在保证自身安全的条件下，有闲暇时间考虑满足自我需求，计划出去游玩来放松身心（图3-4）。

5. 潜在游客的收入构成

调查结果显示，参与调查的游客月收入在3001—5000元之间的比例最大，月收入5000元以上的游客比重也相对较大，说明月收入中等及以上水平的游客

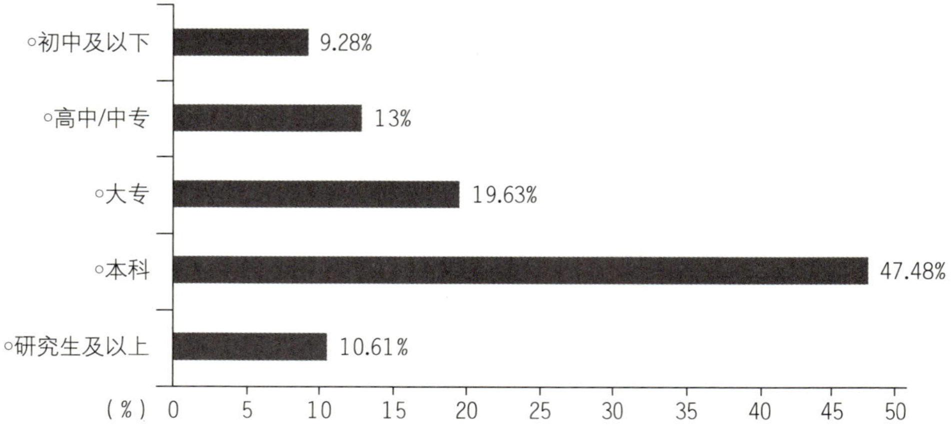

图3-4　潜在游客的受教育程度构成

游玩意识比较强，这类游客的消费潜力大，可自由支配收入多，会为景区带来更多经济收益。低收入游客可能没有那么多可自由支配收入，但是依然可以选择出去游玩来放松自己，这类游客也具有很强的市场潜力（图3–5）。

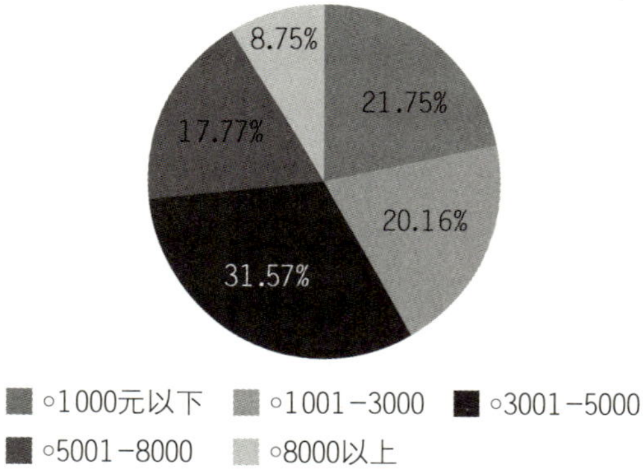

图3-5　潜在游客的收入构成

三、游客对黄姚古镇旅游的认知潜在分析

1. 潜在游客对贺州市旅游资源及主要景点的了解程度

据调研，40.58%的人对贺州市有过简单的了解，36.34%的人对贺州市的认识仅仅停留在听说阶段，只有少数人对贺州市非常了解。从数据分析可以得出，大部分游客对黄姚古镇以及姑婆山旅游景点都听说过。通过数据分析得

出，调研对象中知道黄姚古镇的比例高达71.09%，说明大部分人都比较喜欢有历史底蕴的古镇游；而大桂山旅游景点知道的人比较少，仅占20.16%，说明这个景点知名度不高；玉石林、园博园、客家围屋这几个旅游景点的比例比较均衡，均在30%以上，说明这类景点的游客数量很稳定（图3-6、图3-7）。

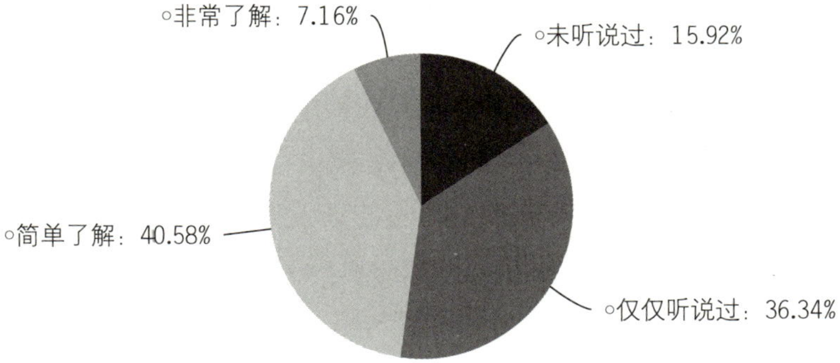

图3-6　潜在游客对贺州市整体旅游资源的了解程度

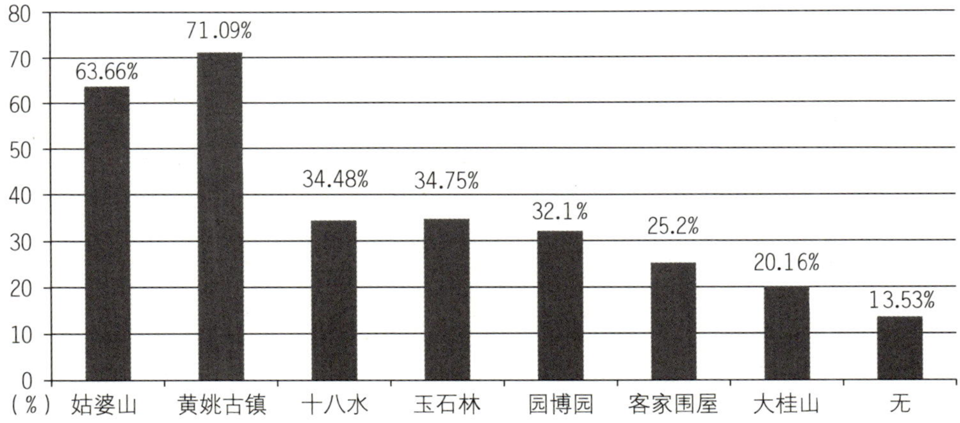

图3-7　潜在游客对贺州市主要旅游景点的了解情况

2. 潜在游客对黄姚古镇游玩体验类型的认识

黄姚古镇的体验类型多样，主要有古镇文化体验和基础设施体验、美食体验等。从图表可以看出，大部分游客偏向于美食体验，这也体现了当下游客把吃放在了重要的位置，饮食资源对游客的吸引力比较高；文化体验的比例是32.1%，反映出游客比较喜欢体验当地的文化特色、了解当地的习俗；而住宿体验的比例是12.2%，这说明大部分游客对古镇的住宿不太了解，体验需求不高；

观光体验的比例占23.34%。这一数据表明黄姚的美食和文化对潜在游客的吸引力较大（图3–8）。

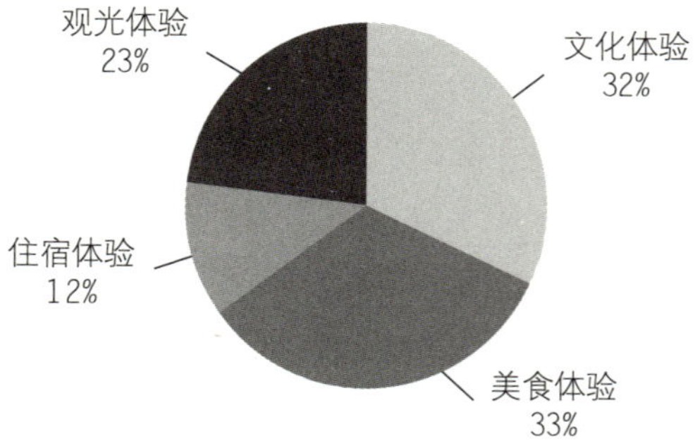

图3-8　潜在游客对黄姚古镇游玩体验类型的认识

3. 影响潜在游客认知黄姚古镇的媒介

由图表分析可得，大部分游客对黄姚古镇的认知媒介主要是通过旅游网站以及朋友介绍得知的。这说明了目前网络信息发达，大部分游客通过浏览旅游网站了解旅游信息，这在很大程度上促进了旅游网站的发展。通过朋友介绍的比例较高，这说明大部分来过黄姚古镇旅游的游客，得到了较好的旅游体验，从而继续推荐身边的朋友前来游览。报纸的比例最低，这说明新媒体已成为大部分人获取信息的主要方式。报纸宣传只适合大部分中老年人群。旅行社和旅游书籍杂志的比例相当，反映了目前的大部分游客比较关注旅行社和旅游杂志，旅行社可以利用这一信息资源提供更多旅游产品，与此同时，旅游杂志可以刊登相关的旅游景点信息，扩大影响力（图3–9）。

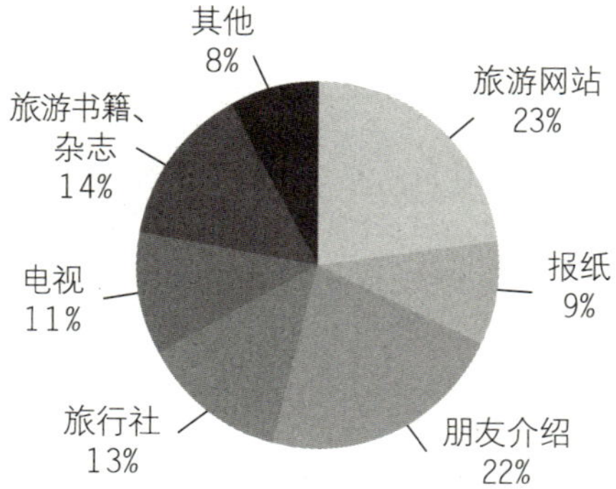

图3-9　影响潜在游客对黄姚古镇的认知媒介

4. 潜在游客对黄姚古镇发展为特色古镇旅游突破口的认识

通过数据分析得出黄姚古镇潜在游客中有70.82%认为其是具有鲜明岭南特色且保存完好的古镇，这说明黄姚古镇的建筑具有极大的吸引力，应加强保护意识，做好保护措施。其中也有68.17%的潜在游客认为古镇有具有南方风情的民俗活动，如舞鱼龙节等都是不错的选择，从侧面反映出传统节日得到了当地人的重视，民俗活动得到了开发，并且受到游客的喜爱。由此可知，当地要对传统节庆文化进一步发掘和保护，在继承的基础上推陈出新，会成为黄姚古镇特色旅游发展的突破口。黄姚古镇的传统美食例如腌菜所占比例达到56.23%，说明相当大的一部分游客注重美食享受，比较愿意尝试当地特色美食。黄姚古镇的潇贺古道文化比例也高达53.32%，说明当地拥有良好的历史文化氛围，这也促进了当地学术研究的发展（图3-10）。

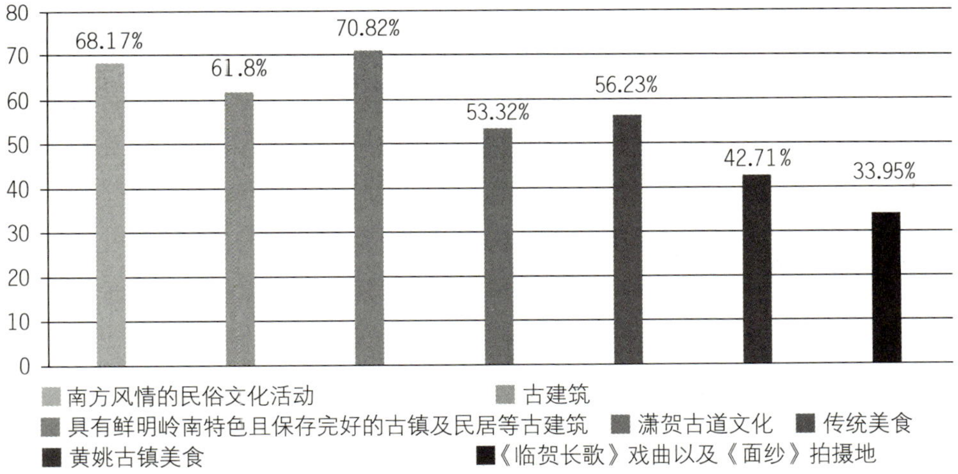

图3-10 潜在游客对黄姚古镇发展为特色古镇旅游突破口的认识

四、潜在游客对黄姚古镇旅游的需求分析

1. 潜在游客在旅游目的地的消费偏好

一般游客在旅游目的地购买纪念品的类型偏向当地特色产品和艺术类产品，土特产和工艺美术品占比最多，其中土特产品占比67.64%、工艺美术品占比54.91%，文创产品和服装、丝绸占比分别是40.05%和32.89%，其他类占比较少。说明在消费中，游客对某一个地方的土特产品是最关心的，也反映出

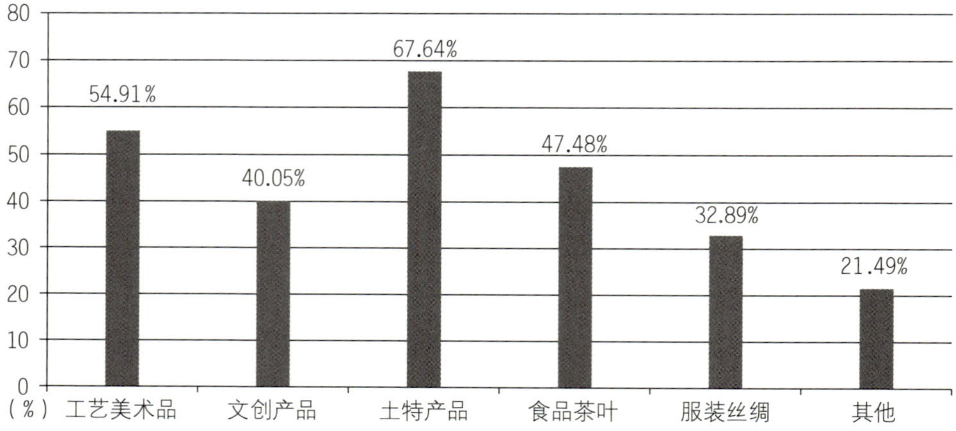

图3-11 潜在游客在旅游目的地的消费偏好

人们对某一个地方的民俗特色是最期待的。工艺美术品的占比反映了人们文化修养的提高，促进了工艺品的销售与发展。所以黄姚古镇以后可以在土特产和工艺美术品方面继续加以开发与创新（图3-11）。

2. 潜在游客的出游停留天数

统计数据表明，停留两到三天的比例最多，为71.62%。而一天以内和四天以上的比例最少。游客在景区的停留天数影响一个旅游地的餐饮、住宿等行业的发展，黄姚古镇在未来发展中可以增加景区体验设施、体验项目，建设游客休憩场所、公共设施，使游客有地方玩，有理由留下来，所谓“三小时一顿饭，六小时一住宿”，增加潜在游客的停留时间（图3-12）。

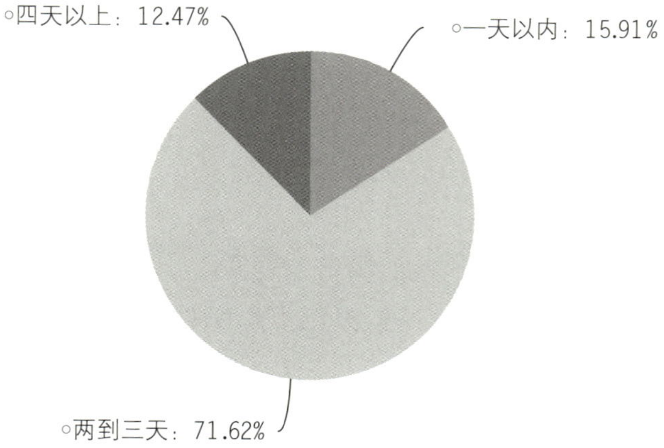

图3-12 潜在游客的出游停留天数

3. 潜在游客对黄姚古镇的出游欲望

统计表明，各种因素影响潜在游客对黄姚古镇的旅游欲望。潜在游客到黄姚古镇旅游的可能性很小的占比为47.21%，潜在游客对黄姚古镇的出游欲望很大的占比为33.95%，一定会去黄姚古镇旅游的游客占比较小，没有可能的占比最小。数据反映了潜在游客对黄姚古镇的旅游需求不是很大，容易被同类古镇旅游景点替代。究其原因可能是其他游客从黄姚古镇回去后，对黄姚古镇的评论不足以吸引其他潜在游客。针对未来的发展，黄姚古镇需要在口碑和广告方面多着手，来吸引潜在游客前来（图3–13）。

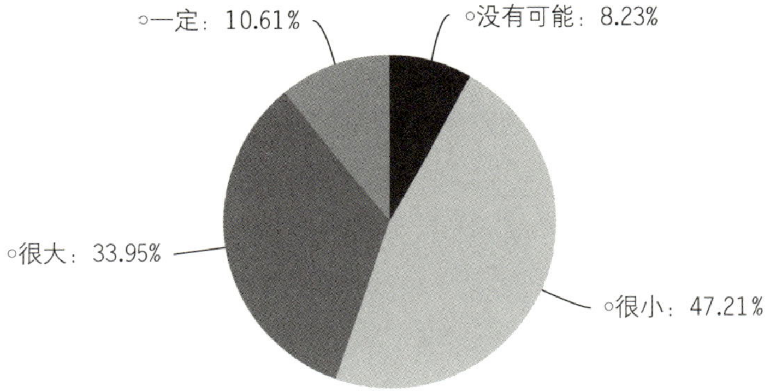

图3–13　潜在游客对黄姚古镇的出游欲望

4. 潜在游客对黄姚古镇导游专业服务的期待值

新型旅游向导的开发情况是影响游客是否出游的因素之一。潜在游客对希望黄姚古镇提供专业导游服务的占比高达78.51%，而不希望占比较小（图3–14），表明潜在游客对黄姚古镇不了解，游客希望有专业的导游服务。以上内容说明潜

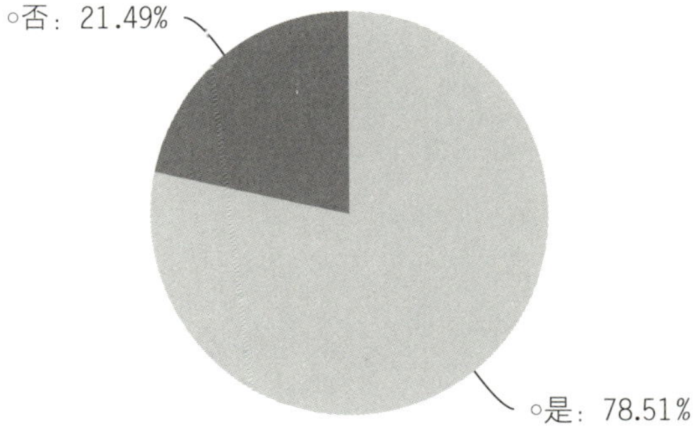

图3–14　潜在游客对黄姚古镇的导游专业服务的期待值

在游客对在黄姚古镇得到较好的旅游体验具有较大的期待值。黄姚古镇在这一方面可以就游客的需求建立专业的导游团队供游客们消费，或是引进新型向导机器，多种方式、多种语言供游客选择，满足游客的需求。

5. 潜在游客对黄姚古镇的期待值

统计数据表明，潜在游客对来到黄姚古镇旅游的期待值，一般的占比最多，期待值高的占比也较高，期待值非常高的占比相对高，而差和很差的期待值占比是最小的，这些内容表明了潜在游客对黄姚古镇的期待值也是偏高的。随着旅游业的发展，和人们时间充足、经济水平的提高，人们的出游欲望也偏高，对古镇的期待值也就相应变高（图3–15）。

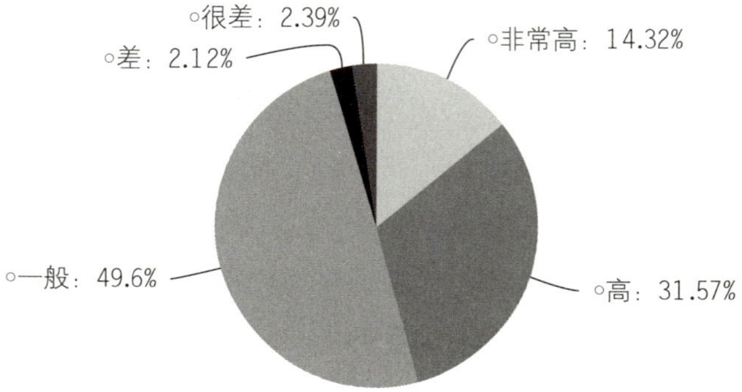

图3–15 潜在游客对黄姚古镇的期待值

6. 潜在游客对黄姚古镇的住宿偏好

统计数据表明，潜在游客出游所追求的是舒适的住宿，舒适的住宿环境影响着游客的出游选择。游客选择特色民宿的占比是最大的，为64.46%，经济型的占比和星级酒店的占比也相对高，说明了旅游住宿舒适度对游客的重要性。而家庭旅馆、招待所和青年旅舍占比较少，反映出消费者对住宿条件的舒适度有着较高水平的追求。随着经济水平的提高，人们对舒适度的需求逐渐上升（图3–16）。

7. 潜在游客对黄姚古镇体验项目的期待

潜在游客对古镇的需求一如既往的相同，都是对古镇旅游地民俗体验的向往。统计数据表明，民俗体验占比最高，观光游览、古镇节庆活动体验、庄园生活体验的占比是其次，其中运动探险、红色文化体验、休闲娱乐占比较低，其他占比最低。这些数据反映了潜在游客对古镇文化的神秘感具有很大的期待，也表明了游客对古镇旅游地民俗体验的需求量最大。同时，由于新型的旅游体验——

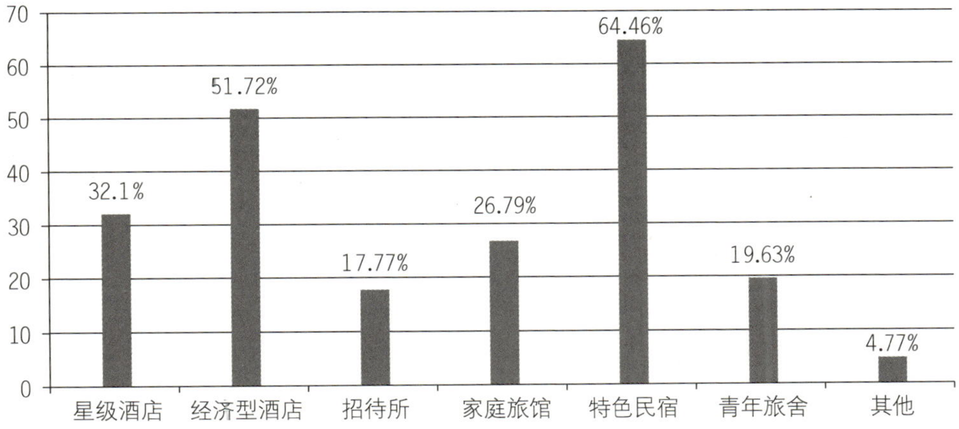

图3-16　潜在游客对黄姚古镇的住宿偏好

庄园生活体验的发展，人们也更喜欢身临其境去体验古镇文化，民俗体验和古镇节庆活动体验更能反映潜在游客对于古镇体验项目的需求。基于此可知，黄姚古镇未来发展应在保持本地的特色之余再发展新型旅游体验项目（图3–17）。

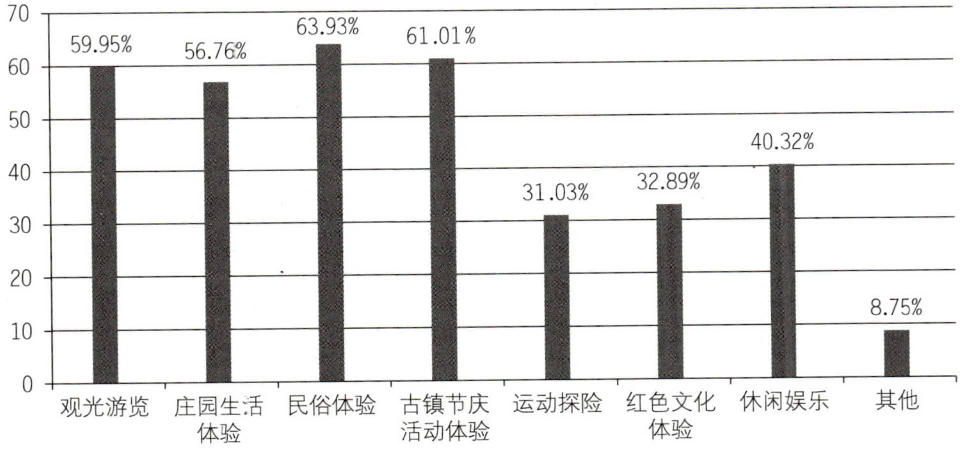

图3-17　潜在游客对黄姚古镇体验项目的期待

五、潜在游客旅游行为特征分析

1. 潜在游客的出行障碍调查

（1）通过调查分析可知，潜在游客比较关心旅游项目是否有特色、门票价格是否合理、景区设施是否完善、景区是否安全，景区交通是否便利、旅游服务怎么样，景区卫生和景区拥挤度的关注度相对比较低一点。根据图表分析，潜在市场中有73.74%的游客比较关心景区的旅游项目特色，这个比例最大，说明特色鲜明的旅游项目成为影响潜在游客是否前往该旅游目的地的主要因素。在这个数据的基础上，景区建设要往地方特色鲜明的方向发展以便吸引更多游客。另一方面，门票价格、景区设施、景区安全、旅游交通和旅游服务质量在潜在游客关心的层面占比也较大，成为影响潜在游客是否来旅行的重要因素，所以景区建设要控制门票价格，不断完善景区旅游接待设施，提高旅游服务质量，规范景区安全管理措施，完善旅游交通体系，为游客提供便利的交通，提高游客的旅游期望值。最后，48.01%的潜在游客认为景区卫生是他们关心的一部分，因此要管理好景区的卫生，为游客营造一个良好的旅游环境；43.24%的潜在游客认为景区的拥挤度是他们关心的一部分，也需采取相应的措施控制好游客进入景区的人流量（图3-18）。

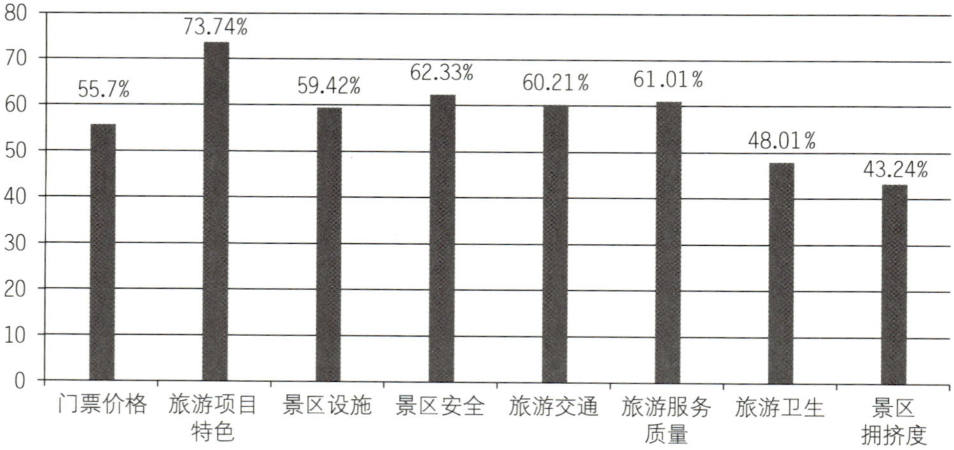

图3-18　潜在游客的出行障碍调查

（2）调查主观题数据整理如表3-1：

表3-1　　阻碍近期潜在游客旅游的主要因素

没钱
工作时间忙
没时间，太远

续表

最近买房，经济紧张
没有假期
路途遥远，花费较大
没有充分的时间
没有想象中那样，不突出特色，没有感觉
没有家人陪伴，自己一人空有旅游意图，但孤身前往，担心安全问题
有更想去的古镇
因年龄问题，家人会担心外出
去游览过，体验方面不怎么好，低于个人期待值，文化渲染方面不够深入，其特色与其他古镇没有区别开来，没有专门打造黄姚的古镇特色。特色小吃方面还是过于粗糙，没有进行精美加工，蕴含的传统文化、神话故事需要打造出来，讲好黄姚故事，也就能将黄姚古镇发展好了。安全方面也存在很大的隐患，古镇的地面是石板地面，经过历史的踩踏，已变得很光滑，需加强这方面的防患措施
交通不便，景区特色不显著
知名度不高，没有吸引我的地方
一是疫情问题，大环境条件不允许。二是没有时间作旅游规划
对古镇没有深入的了解，想深入了解后再去

从中选取一些比较有代表性的评论进行分析，潜在游客觉得当下的社会情势会影响他们出行，已经去过黄姚古镇景区的回头游客认为古镇的地方文化、美食特色、历史文化会影响他们是否再次去黄姚古镇。这说明在旅游发展过程中要打造专属黄姚古镇的旅游文化，需要地方特色鲜明，如在特色小吃方面要精美加工。在发展的过程中，要注意古镇的维修，保持古镇的原真性。

（3）通过调查分析贺州市潜在游客市场，其中50%以上的潜在游客认为主要的出行障碍是贺州市交通不便、路途遥远、知名度不高。46.68%的潜在游客认为贺州市的旅游服务设施不完善，41.11%的潜在游客认为他们对贺州市不够了解，31.83%的潜在游客觉得自己目前没有时间去旅游，21.22%的潜在游客认为旅游会花费太多钱。根据以上数据分析可知，一个城市的交通、旅游目的地和自己所在地方的距离，还有城市的知名度是影响潜在游客出行的主要因素，要吸引潜在游客来贺州市旅游必须不断完善本城市和外地城市的交通体系，为游客的到来提供便利。同时也要不断提高贺州市的知名度，让潜在游客认识贺州，了解贺州（图3–19）。

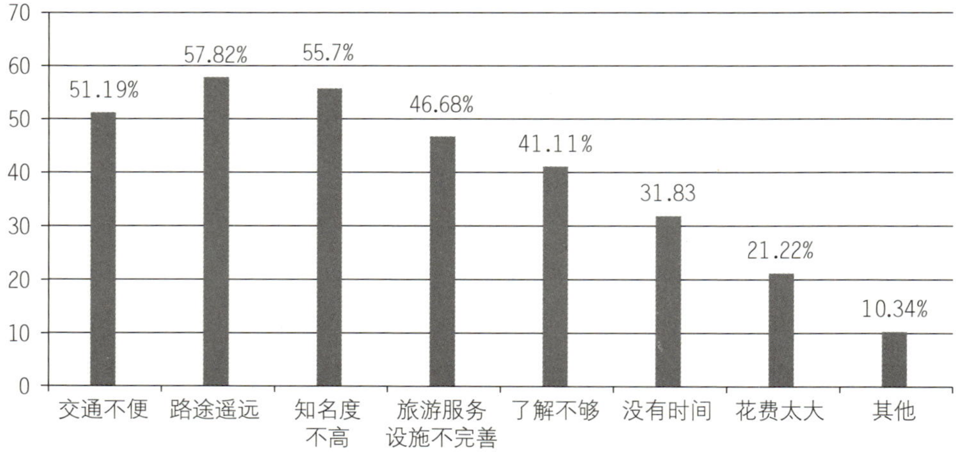

图3–19　潜在游客的出行障碍调查

2. 潜在市场期望的出游频率统计

潜在市场游客期望每一年的出游频率中，一年出游1～3次占45.89%，说明旅游在国民的生活中已经是一个比较大众化的活动，大家还是愿意出去旅游的，这也从侧面说明潜在游客市场比较大。一年4～6次的比例是14.85%，7～9次的比例是6.37%，10次以上的是2.92%，这些潜在游客一年中期望的出行次数比较多，潜在游客的旅游市场比较大（图3–20）。

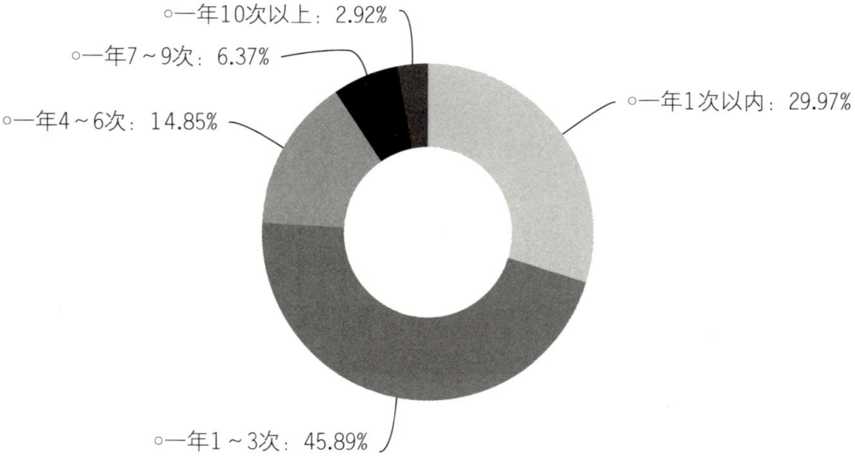

图3–20　潜在市场期望的出游频率统计

3. 潜在游客期望的出游方式调查

根据饼状图显示的数据可知，潜在游客的出行方式以高铁动车为主的有56.23%，飞机11.14%，水路4.24%，火车12.47%，自驾15.92%。高比例的潜在游客选择高铁动车出行，高铁动车速度快又经济实惠。较少的潜在游客选择飞机、火车、自驾出行，飞机出行方式虽然快但是旅游交通花费会很高，自驾也需要较长的时间和较高的花费，火车花费少但是速度慢，这说明路途花费时间和旅游交通费用会影响潜在游客的出行，便利的交通设施可以促进潜在游客的出行，交通便利会促进旅游业的发展。因此，旅游目的地要与外地交通体系连接并完善，为潜在游客出行提供便利（图3–21）。

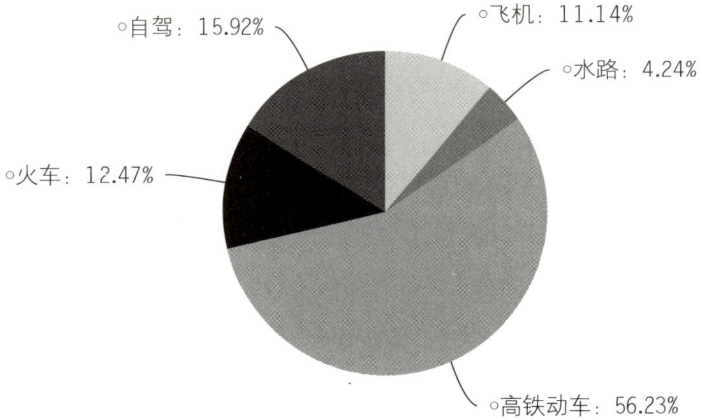

图3–21　潜在游客期望的出游方式调查

六、潜在客源市场特征分析结论

通过对抽样样本的调查分析，结合黄姚古镇旅游景点和旅游特色的情况，我们对黄姚古镇旅游开发的市场调研得出以下结论（表3–2）：黄姚潜在客源市场以18～24岁的青年旅游者为主，职业构成以学生、公司职员或者工人、企事业管理人员为主，旅游需求倾向于美食和文化体验游。因此，在开发旅游项目上，特别是前期开发旅游项目要考量此群体的需求特点，重点设计富有当地文化特色，口味众多、味觉享受体验性、参与性强的特色美食文化旅游项目，同时应考虑旅游市场未来发展趋势，设计具有文化内涵、品质优良、满足游客需求的旅游项目。

表3-2 潜在客源市场主要特征

基本特征	结论
年龄结构	中青年游客为主
职业构成	以学生、自由职业者、公司职员或者工人、企事业管理人员、教职工、公务员等职业为主
受教育程度	以本科学历为主
体验类型	偏向于文化体验和美食体验
认知媒介	旅游网站和朋友介绍居多，其次是旅游书籍、杂志
消费偏好	工艺美术品和土特产占比最多，文创产品和服装、丝绸占比相对平衡
停留天数	停留2～3天的游客数量最多
出游欲望	出游欲望很小
住宿偏好	偏向于住经济型酒店和特色民宿
出游障碍	比较关心旅游项目是否有特色、门票价格是否合理、景区设施是否完善、景区是否安全，景区交通是否便利、旅游服务质量
出游频率	一年1～3次
出游方式	高铁动车居多

第二节　古镇游客感知分析

一、调研样本说明

为了解黄姚古镇旅游发展情况，提升旅游商品开发水平，并为管理人员提供有力的数据支持，从餐饮、住宿、交通、环境等方面调查游客的感知。

二、调查结果分析

1. 餐饮

图3-22显示，游客对黄姚古镇餐饮的总体评价为3.483分，整体评价较好。共分4个部分，分别为美食特色、餐饮价格、食材绿色健康、餐饮环境卫

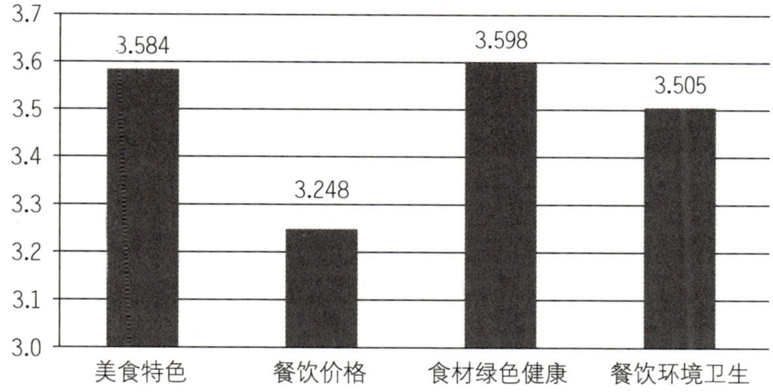

图3-22　游客对黄姚古镇餐饮感知平均分分布

生。对于餐饮价格的评价最低，而对食材绿色健康的评价最高，其次是美食特色和餐饮环境卫生，这两个评分不相上下，说明黄姚古镇的美食是具有特色的，是注重餐饮环境卫生的。在黄姚古镇的美食价格受到食材用料是否健康的影响，食材用料越健康价格越高，故游客对于餐饮价格的评价低，由此也可看出人们在食材方面越来越注重绿色健康用料。

2. 住宿

由图3-23可知，住宿特色的评分为3.664，住宿舒适程度为3.621，住宿环境卫生为3.72，其中住宿环境卫生的评分最高，住宿舒适程度最低。黄姚古镇所处地区较为偏远，基础设施不够完善，商家的精力集中于打造酒店住宿的外观吸引旅游者，忽视了内部的舒适程度。黄姚古镇为4A级景区，位于贺州市，政府大力推动酒店业的发展。酒店也应注重环境卫生，为旅客打造舒适的居住环境。

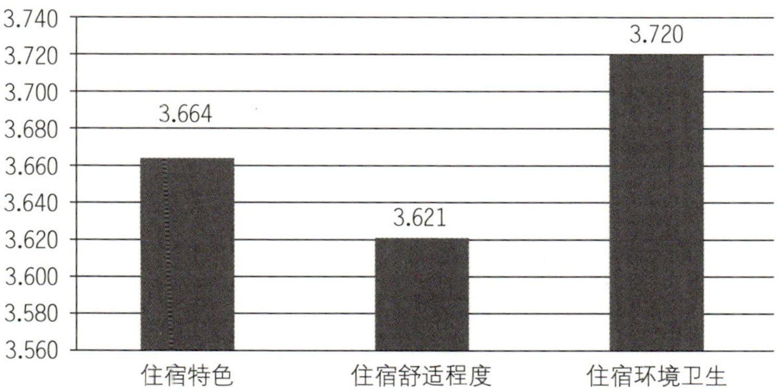

图3-23　游客对黄姚古镇住宿感知平均分分布

3. 交通

根据图3–24显示，景区内部线路的合理性为3.530，景区内交通情况为3.528，景区停车位数量为3.510，交通可进入性为3.505。内部线路的合理性平均分最高，景区内交通情况、景区停车位数量次之，交通可进入性最差。景区内观光车比较便利，发车车次多，速度快，景区内交通情况较好。黄姚古镇景区距离市区相对较远，无特定景区观光游览车，大巴车数量少需等车时间长，所以交通可进入性比较差。

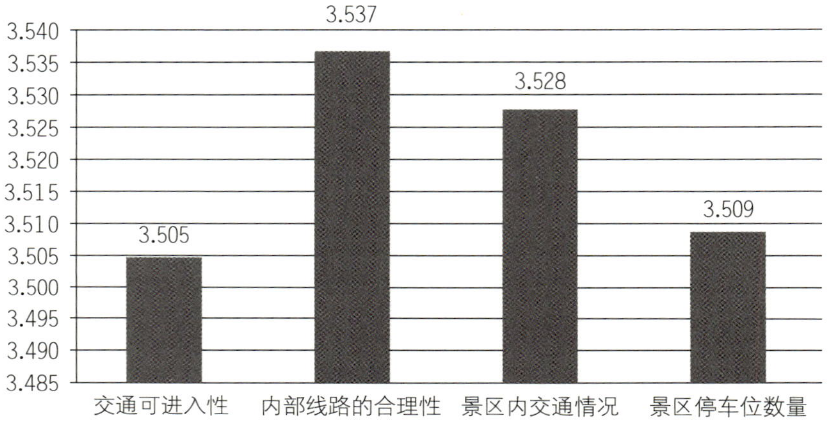

图3–24 游客对黄姚古镇交通感知平均分分布

4. 游览

根据图3–25显示，游客对黄姚古镇游览后的总体评价为3.675。总的来说评价较高，游览共分为5个部分，即古镇建筑、景区景点体验性、景区历史文化氛围、古镇居民友好程度、景区布局状况。其中景区布局状况评分最高，景区历史文化氛围次之，而景区景点体验性最低。黄姚古镇同姓民居建筑多以祠堂为中心并向外辐射进行修建。黄姚古镇现有八大姓氏，9个宗祠，2个家祠，民居建筑多为同一姓氏围绕祠堂居住，景区布局状况的评分最高，说明古镇的布局给游客留下了深刻的游览印象。随着现代经济的发展，古镇还是有必要顺应发展做出更加完善的景区布局，有规整的宗祠布局很大程度上保留了古镇的历史氛围，因此景区历史文化氛围的评分次之。黄姚古镇有两千多年的历史，更加需要有意识地保护存留下来的历史文化，给游客创造一个浓厚的历史文化氛围。其中评分最低的是景区景点体验性，说明黄姚古镇给游客的体验感知较差。体验感知在游览过程

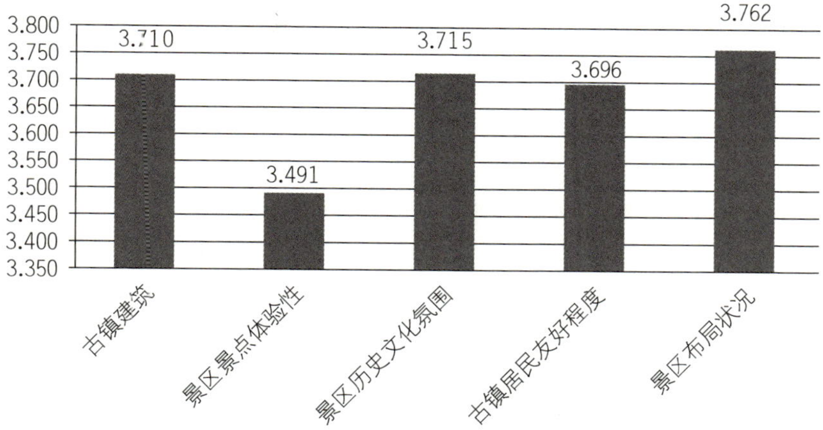

图3-25　游客对黄姚古镇游览感知平均分分布

中是一个较全面的指标，住宿、交通等都是较大的影响因素，所以要从基本的影响因素去提高整体的质量，推动游客体验感知的改进。

5. 购物

由图3-26可知，黄姚古镇在购物方面的平均值为3.341，商品价格的平均值为3.173，商品特色平均值为3.509，可见游客在购物方面的体验值较低。游客认为景区内的商品虽比较能体现黄姚古镇的特色，但是商品的价格过高导致在购物方面整体感知不是很好。从中体现出黄姚古镇在购物方面的问题：商品价格较高，存在商家哄抬物价的可能；产品成本较高，商家提高产品销售价格。根据市场调整产品价格，使价格涨幅保持在一定范围，不随意加价，提升游客体验感。在保证产品质量的前提下，有效降低产品成本，从而降低销售价

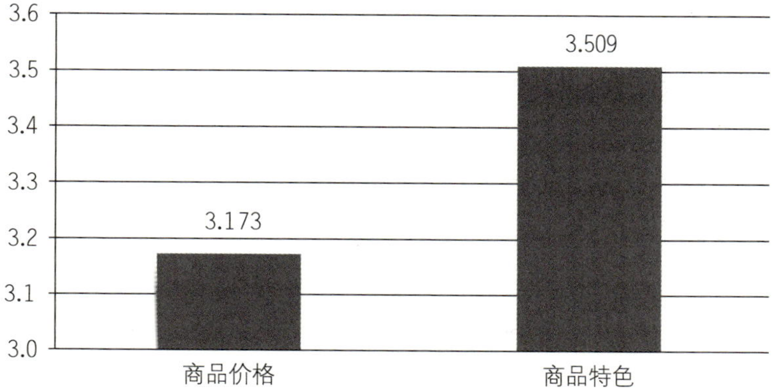

图3-26　游客对黄姚古镇购物感知平均分分布

格。根据黄姚古镇的地方文化特色，在商品设计上适当增加地方文化符号，增加商品特色，提高游客购买体验感。

6. 娱乐

图3-27显示，娱乐的平均值为3.556，其中景区游览线路和景区安保措施最高，分别为3.589、3.579。这说明景区线路设计比较丰富、合理，景区安保措施、设备较为合理。其中的娱乐项目丰富度和景区讲解科普性较低，说明娱乐项目还不够有趣和丰富，没有吸引力，缺乏游客参与度。景区讲解科普性最低，为3.477，说明导游专业知识不强，讲解缺乏专业性，导游涉猎的知识范围不够广。景区需要加大导游的知识培训力度，导游自身也需要不断学习新的知识和技巧，不断创新讲解方法，让游客既听得有趣，又可以增长知识。

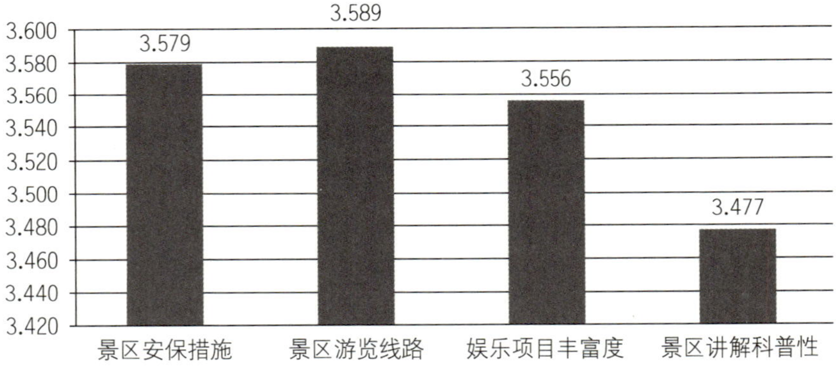

图3-27　游客对黄姚古镇娱乐感知平均分分布

7. 环境

根据环境类平均值图显示（图3-28），依据评分数值大小依次是：景区环境卫生、景区绿化面积、景区厕所环境与标识系统清晰程度、休息场所的数量质量。其中景区环境卫生在该组数据中数值最高，休息场所的数量质量数值最低，由此可以说明，黄姚古镇景区对景区环境卫生、景区绿化面积发展建设较为注重，有较好的游客反馈；而对景区休息场所的数量质量重视程度不足、建设不够完善，游客体验感知较差。造成此种情况的原因主要是地理位置、景区投入以及意识不足等情况。针对此种情况提出建议，对于景区环境卫生、景区绿化，景区管理人员要更加注重景区的环境保护，切忌过度开发；对于景区休

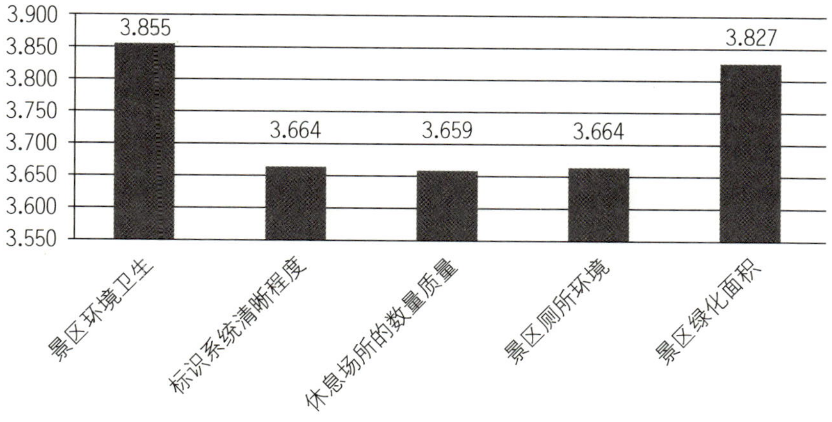

图3-28　游客对黄姚古镇购物感知平均分分布

息场所的数量质量问题，景区应增加游客休息场所，关注游客在游玩过程中的舒适度与体验感。

8. 服务

图3-29中，景点讲解服务评价最高，说明景点讲解服务较被重视，讲解人员配备到位，专业素养高，景区工作人员服务态度良好，在游客的游玩感知中反映较好，但是景区的投诉渠道便捷性评分最低，可见黄姚古镇在游客反馈方面的工作有待提高。针对这些问题，建议景区官方增加多种投诉渠道，并且及时反馈游客提出的投诉和建议，以此提高游客的服务体验感、满足感。

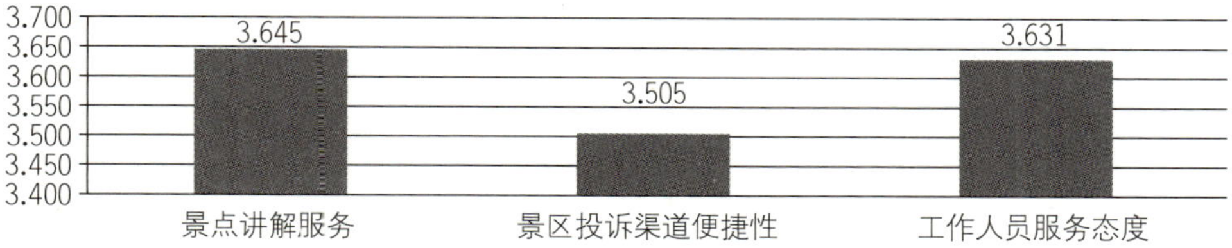

图3-29　游客对黄姚古镇购物感知平均分分布

9. 游客忠诚度

由图3-30可知，游客对黄姚古镇游览的满意程度较高，体验感丰富，所以愿意向周围亲朋好友推荐该景区。部分游客认为黄姚古镇低于主观期待值，体验感不佳，但该类游客数量较少，游客总体满意程度较高。

由黄姚古镇旅游产品定量定性评价调查问卷题项平均值，可知数据中最高

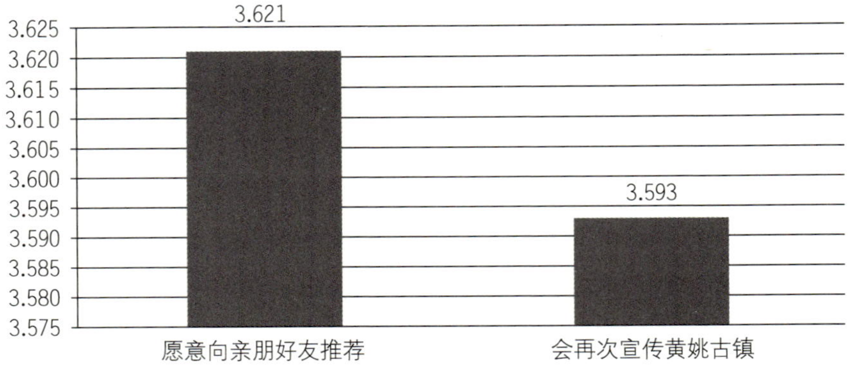

图3-30　游客对黄姚古镇购物感知平均分分布

的数值为景区环境卫生的平均值，为3.86，最低的数值是游客对于黄姚商品价格平均分值，为3.17。游客对于黄姚古镇的景区环境卫生的体验感反映最好，而商品价格给游客带来的游玩体验感最差。因此，黄姚古镇景区应关注调整商品价格，使之合理科学，改善游客对古镇整体的旅游体验感。

第三节　旅游市场分析

一、宏观旅游市场

（一）全国旅游市场发展现状

2019年，中国旅游市场持续高速增长，入境旅游市场稳步上升，国内旅游收入和国际旅游收入保持上升趋势，旅游产业正在成为经济增长的重要引擎。

据中国统计年鉴显示，2010—2019年，国内旅游市场持续平稳增长；2019年国内旅游人数首次突破60亿人次。2019年全年国内旅游人数60.10亿人次，入境旅游人数1.45亿人数，国内收入57251.00亿元，同上年相比增加11%。国际收入1313.00亿美元，同比增长3%（表3-3）。

表3-3　　　　　　中国旅游发展情况2010—2019年

年份	国内旅游人次（亿人次）	入境旅游人次（亿人次）	旅游总人次（亿人次）	国内收入（亿元）	国际收入（亿美元）	旅游总收入（万亿元）
2010	21.03	1.34	22.37	12579.77	458.14	1.57
2011	26.41	1.35	27.76	19305.39	484.64	2.25
2012	29.57	1.32	30.89	22706.22	500.28	2.59
2013	32.50	1.29	33.79	26276.12	516.64	2.95
2014	36.11	1.28	37.39	30311.86	569.13	3.73
2015	40.00	1.34	41.34	34195.05	1136.5	4.13
2016	44.40	1.38	45.78	39390	1200.00	4.69
2017	50.01	1.39	51.40	45660.77	1234.17	5.40
2018	55.39	1.41	56.80	51278.29	1271.03	5.97
2019	60.10	1.45	61.55	57251.00	1313.00	6.63

旅游业被称为朝阳产业，我国重视对旅游业的发展，根据我国《旅游法》第23条至第27条对国家和政府关于旅游业发展的各方面促进和支持措施作出了规定，其主要内容包括以下几方面：政策支持与区域合作、财政支持、土地利用总体规划和城乡规划支持等。尽管旅游业面临许多不确定因素，但面临的基本环境没有改变，旅游业总体发展趋势蒸蒸日上，依然具有发展动力。

（二）广西旅游市场现状

总体看，旅游投入加大，服务能力提高，旅游整体形象全面提升，旅游业发展环境进一步改善，旅游业经济指标平稳较快增长。继2010年以来连续多年高增长之后，2013年广西旅游业保持较快增长。据统计资料显示，全年旅游总收入2057.14亿元，比上年增幅高达21.9%。从国内旅游看，国内游客人数达2.43亿人次，增长16.8%，实现连续五年增长速度15%以上；国内旅游收入1961.32亿元，增长24.2%，实现三年翻一番。

从入境游看，入境过夜游客391.54万人次，增长11.8%，在2010—2019年连续三年保持15%以上增长的基础上再次实现两位数增长；国际旅游（外汇）收入15.47亿美元，增长21.0%，连续四年年增长20%以上。旅游总收入等五项指标的年增长速度高于全国旅游行业平均增速，为广西经济平稳较快增长作出了重大贡献（表3-4）。

表3-4　　广西旅游发展情况2010—2019年

年份	国际收入（亿美元）	国内收入（亿元）	旅游总收入（亿元）	入境旅游人次（万人次）	国内旅游人次（亿人次）	旅游总人次（亿人）
2010	8.07	898.10	952.95	250.24	1.40	1.43
2011	10.52	1209.50	1277.80	302.79	1.72	1.76
2012	12.79	1578.90	1659.70	3.50	2.07	2.11
2013	15.47	1961.30	2057.14	3.91	2.42	2.47
2014	17.28	2495.00	2601.99	4.21	2.85	2.90
2015	19.17	3136.39	3254.18	450.06	3.37	3.41
2016	21.64	4047.65	4191.36	482.52	4.04	4.09
2017	23.96	5418.61	5580.36	512.44	5.23	5.23
2018	27.78	7436.08	7619.90	562.33	6.83	6.83
2019	35.11	9998.82	10241.44	623.96	8.70	8.76

（三）贺州市旅游市场现状

贺州市位于广西东部，东与广东清远市、肇庆市毗邻，北与湖南永州市相邻；西至国际旅游名城——桂林市；南至梧州市。贺州市地处三省交界，是粤湘桂三省交会的区域性交通枢纽城市，同时贺州市又位于广州（珠三角）—桂林这条黄金旅游线上，是大桂林旅游经济圈迎接珠江三角洲游客的东大门。因此，贺州市具有良好的旅游市场区位优势。

自2002年贺州建市以来，旅游业在政府的指导下得到了突飞猛进的发展，旅游总收入由2010年的37.71亿元提高到396.23亿元，每一年都稳步上升，吸引了大批游客。2018年国内旅游人数达到3210.58万人次，入境旅游人数为42.24万人次。国内旅游收入达到384.90亿元，国际收入达到11.33亿美元（图3-31）。

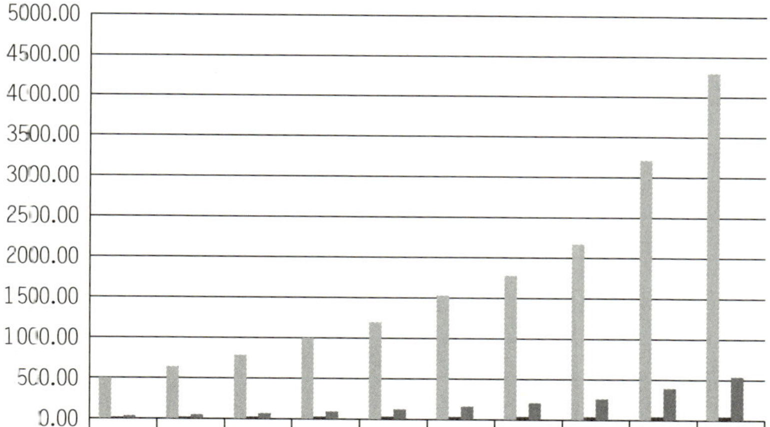

	2010	2011	2012	2013	2014	2015	2016	2017	2018	2019
国内旅游人次/万人次	503.83	640.12	785.12	999.13	1197.15	1526.50	1775.52	2171.47	3210.58	4299.17
国际旅游人次/万人次	16.40	22.71	26.73	30.96	33.06	35.16	37.65	38.91	42.25	45.51
国内旅游收入/亿元	34.87	50.62	67.77	96.05	122.96	162.44	208.38	262.84	396.23	538.73
国际旅游收入/亿美元	0.43	0.62	0.76	0.94	1.077	1.2	1.35	1.45	1.71	1.87

图3-31　贺州市旅游发展情况2010—2019年

（四）昭平县旅游市场现状

昭平县，是贺州市唯一的“国家全域旅游示范区”和“广西特色旅游名县”双料创建县。自昭平县发展旅游业以来，昭平县政府和旅游局一直重视旅游业的发展并积极思考如何把旅游业做大做强。通过借着毗邻桂林市的优势，整合、引导和共享现有旅游资源，重视发展古镇文化，依托资源优势和对接桂林大旅游圈与珠江三角洲良好的区位优势，抓好桂江生态旅游区的开发建设，丰富该县的旅游产品与线路。旅游业在政府的指导下得到突飞猛进的发展。

自2010年以来，昭平县旅游人数逐年上升，到2019年，国内旅游人数已经达到936.97万人次，比2018年增加了20%，说明昭平县发展旅游产业的潜力很大（图3-32）。2019年国内旅游总收入为120.23亿元，突破了100亿元的大关。

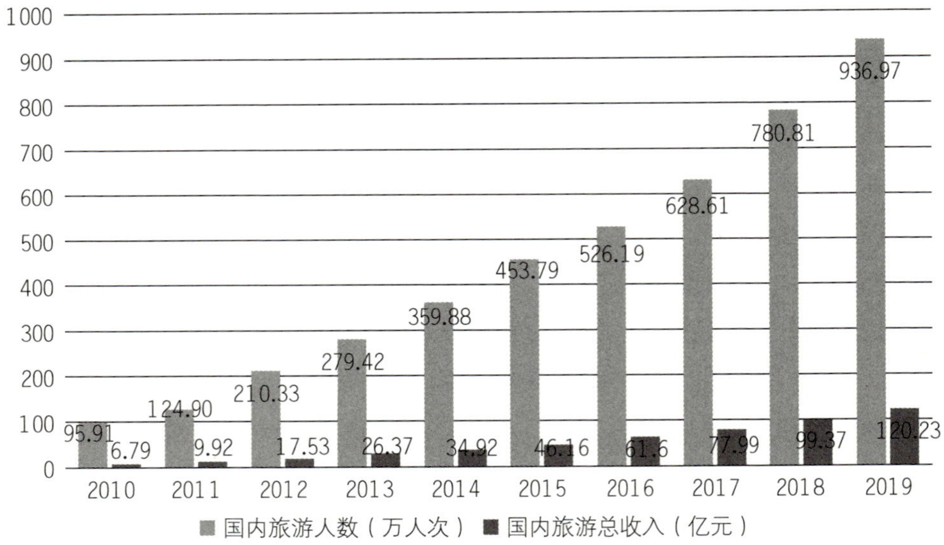

图3-32 昭平县旅游发展情况2010—2019年

二、旅游客源市场需求分析

（一）旅游行为大众化，消费水平逐步提高

根据调查数据不难看出，收入水平高、可自由支配时间较多的职业为旅游客源的主力军。这些信息表明如今的中国，经济飞速发展，物质极大地丰富了，人民的生活也更加的充实富裕了，在物质生活飞速发展的同时，人们的精神生活也提高了很多。旅游业能够满足人们日益增长的物质和精神文化的需求。通过旅游使人们在体力上和精神上得到休息，改善健康情况，开阔眼界，增长知识，推动社会生产力的发展。经济的发展极大地刺激了旅游业的发展。现今，我国旅游业发展快速，人们的消费水平越来越高，外出旅游的欲望越来越强烈，这同时又直接、间接地推动了经济的发展，并促使这些部门不断改进和完善各种设施、增加服务项目，提高服务质量。随着社会的发展，旅游业日益显示出它在国民经济中的重要地位。

（二）旅游客源市场需求潜力巨大

近几年，随着贺州高速公路的开通，贺州到广州的公路距离缩短为254千米，车程约为2.5小时。便利的交通，丰富的旅游资源，处于城市居民出游活动密度最大的250～300千米空间的贺州市将吸引一大批广州（珠江三角洲地区）

的游客，贺州旅游接待量正以较快的速度增长，但游客总量与桂林相比差距极大。随着贺州市的交通不断完善，贺州到桂林只要2.5小时，贺州旅游市场在共享或分流桂林旅游客源市场的发展潜力巨大，这将加快贺州旅游市场的发展。根据北京大学教授吴必虎的研究，中国城市居民80%的出游市场集中在距城市500千米以内的范围，而贺州市距离广州（小珠江三角洲地区）325千米，正式进入广州的环城游憩带；城市居民的环城游憩活动选择的出游时间，主要集中在周末和节假日的2小时路程左右的一日游或两日游。

（三）增强服务配套，满足多样需求

游客在特色旅游产品、景区安全、交通等方面要求较高，简单的游览观光、商品购物等已难以满足游客的多样性需求，景区的综合赋能急需完善和提升。为了增加黄姚古镇的旅游亮点，且不破坏原有的古镇风貌和环境，最好的办法是充分利用周边土地，开辟或延伸配套服务新区域，形成黄姚古镇的综合配套设施，提供多种旅游产品和服务，满足游客的多样性需求，有效解决旧古镇游客容量分流的问题。

（四）发掘特色文化旅游产品

根据调查发现，潜在游客对黄姚古镇的土特产品和工艺美术品需求量大，但目前黄姚旅游产品市场忽略了非物质性的旅游产品的开发，如文化类、旅游服务类的旅游产品。而文化类的旅游产品往往是当今古镇旅游地发展旅游的主要产品，由于历史和生活方式的时空巨大差异，古镇的文化旅游最能满足游客的旅游动机，即让游客获取一种“时空异化”和“时空强化”的旅游体验。这就是为何黄姚古镇被评为“中国最美的十大古镇”等荣誉称号的主要原因。所以黄姚古镇应重点开发文化类旅游产品，如文化科考游、古镇建筑文化游、全国宗祠文化游、牌匾文化游。除此之外，开发文化旅游商品，如文化杯具、文化勋章、文化玩偶、文化主题帽衫，打造印象古镇。

三、专项客源市场需求分析

（一）古镇类型旅游市场

特色旅游是一种新兴的旅游形式，是为满足旅游消费者特定需求，依托

一定的地域条件或民族特色开发组织的，具有形式丰富、主题鲜明、参与性强的特点，是对传统常规旅游形式的改革和发展，更能适应当今社会人们丰富多样的个性化需求。古镇旅游也属于特色旅游。目前，旅游市场需求多样化，古镇旅游的吸引力逐步增加，发展势头良好。古镇旅游是把人文旅游与自然旅游融合在一起，让游客有深切的亲身体验和感受。随着生活水平及节假日假期的增加，游客对旅游产品的消费也逐步从观光旅游转向文化产品、体验产品的旅游消费。古镇旅游凭借其特有的历史遗迹及文化底蕴而满足游客消费需求，成为现代必不可少的旅游产品类型。根据数据收集以及调查潜在游客的旅游倾向得出，潜在游客在贺州市的姑婆山、十八水、黄姚古镇等景区中更倾向于游览黄姚古镇，占比为71.09%。这说明古镇类旅游市场的发展更有前景。

（二）红色文化旅游市场

国家文化和旅游部在《2018年上半年旅游经济主要数据报告》中称，2018年上半年红色旅游呈“井喷”式发展，成为市场亮点。根据红色旅游信息报送系统显示，18个红色旅游信息报送重点城市和填报数据的436家红色旅游经典景区共接待游客4.84亿人次，按可比口径同比增长4.83%，相当于国内旅游人数的17.13%；实现旅游收入2524.98亿元，按可比口径同比增长5.73%，相当于国内旅游收入的10.32%。

贺州市昭平县黄姚古镇也有许多红色遗址。其中著名的红色景点有中共广西省工委旧址。抗日战争时期，许多文化名人来过这里，中共广西省工委也就是那时迁移到此地办公。由此可见，黄姚古镇不但在民俗旅游方面发展势头良好，而且在红色旅游发展方面也前景广阔。根据问卷调查显示，潜在游客对红色文化之旅的兴趣占比为32.89%。这表明了红色旅游与古镇相融合，大大提高了黄姚古镇的旅游吸引力。

（三）民俗文化体验旅游市场

我国是一个百花齐放的多民族国家，56个民族一同创造了悠久的历史和灿烂的文化。民俗旅游是一种高层次的文化旅游，由于它满足了游客“求新、求异、求乐、求知”的心理需求，成为旅游行为和旅游开发的重要内容之一。国内一次抽样调查表明，来中国的美国游客中以欣赏名胜古迹为主要目的的占

26%，而对中国人的生活方式、风土人情感兴趣的占56.7%。

贺州市昭平县黄姚古镇属于民俗旅游的原生自然式模式，这让游客有真实体验感，能自然地与当地居民交流，甚至亲身参与劳作，有很大的活动自由度。据问卷调查结果得出，潜在游客在黄姚古镇最想体验的是民俗文化活动，占比为63.93%。这表明我国旅游业正在逐渐多样化，民俗文化与旅游结合的需求趋势明显，民俗体验旅游市场极具发展潜力。

（四）自驾游旅游市场

2020年10月发布的《中国自驾车、旅居车与露营旅游发展报告（2019—2020）》数据结果显示，全民旅游的发展中，自驾游可以说是不可缺少的一部分，许多的旅游爱好者喜欢通过自驾游的方式来领略祖国大好河山，全国自驾游占国内出游的比重为64%，自驾游规模达到38.4亿人次，人均出游频次为3.6次1年。私家车在普通家庭里逐渐普及，人们出门旅行的方式也得到改变，自驾游逐渐成为一种新的旅行方式，受到越来越多年轻人的欢迎。选择自驾游的游客中，年轻人是主要群体，根据公安部2019年的数据，全国驾驶人主要集中在26～50岁年龄段之间，其中26～35岁年龄段的占到34.12%，36～50岁年龄段的占到38.88%。

根据近年来的数据显示，全国自驾游占国内游的比重，自2017年开始，连续三年超过60%，名副其实成为国民出游的主体形态。2020年以来，旅游业按照错峰、预约、限量、有序的原则，游客出于接触距离方面的考虑，自驾游仍是国民出行的主要形态。

四、旅游客源市场定位

随着中国经济的发展，近几年国内旅游业的发展非常迅速，已成为中国旅游业发展的主流。贺州市顺应旅游市场潮流，准确落实旅游客源市场定位，积极发展贺州市的旅游业。

贺州市位于大桂林旅游圈和粤桂两广旅游圈交汇处，是广州—梧州—桂林陆路黄金旅游线的中段。桂林市是广西入境旅游者主要游览目的地，因此贺州市客流流动关系与珠江三角洲—桂林旅游线最为密切。贺州市、梧州市、韶关市、衡阳市及永州市联合成立“桂粤湘古道文化旅游联盟”，使贺州市实现区域旅游共融大发展成为可能。随着桂梧高速、永贺高速及洛湛铁路、贵广高铁的开通，使得贺州市综合立体交通网络日益完善，极大地方便了游客出行。

近年来，在桂林旅游发展的辐射下，贺州市的游客数量表现出持续增长的趋势。综合考虑中国广西昭平黄姚古镇景区所处的区位优势和依据市场调查的结果，未来客源市场定位为：立足广西壮族自治区、广东省和港澳台市场，拓展国内其他省市市场，引导海外市场；国内客源市场和海外客源市场互相促进，联动发展。

从全国各省市来黄姚古镇的游客规模和所占比重情况看，我们可将黄姚古镇旅游客源市场分为一、二、三级客源市场。

一级客源市场（核心客源市场）：

国内旅游客源市场：华南地区（包括广东省、广西壮族自治区、海南省）。

入境旅游客源市场：以香港特别行政区、澳门特别行政区为主。

其中尤以广西、广东、香港、澳门等地区客流量最为可观，黄姚古镇应把这些列为当前重点开拓的国内旅游客源市场。

二级客源市场（基本客源市场）：

国内旅游客源市场：华中地区（包括湖北省、湖南省、河南省、江西省）。

入境旅游客源市场：以中国台湾、东盟十国为主。

其中以湖北、湖南、台湾等为核心层，是黄姚古镇需进一步开拓的潜力巨大的客源市场。因为此区域包含着经济发展水平高的地区，游客收入高、出游动机强、出游范围大，如果开发效果好，能够转为一级客源市场。

三级客源市场（机会客源市场）：

国内旅游客源市场：华北地区（包括北京市、天津市、河北省、山西省、内蒙古自治区）、东北地区（包括辽宁省、吉林省、黑龙江省）、西南地区（包括四川省、云南省、贵州省、西藏自治区、重庆市）、西北地区（包括宁夏回族自治区、新疆维吾尔自治区、青海省、陕西省、甘肃省）。

入境旅游客源市场：日本、韩国。

该部分地区的游客比重小、流量少，短期内不宜开发，通过调查能够有选择地适度开发，开发机会小。

五、游客规模预测

（一）预测依据

影响黄姚古镇游客规模的因素很多，既有政治政策、社会经济和自然环境因素，又有旅游产品价格、旅游者的偏好和旅游地可进入性等综合因素。为科学合理的预测游客量，将综合考虑以下因素并进行预测：

（1）贺州市、昭平县旅游业发展的形势；

（2）黄姚古镇的建设内容及旅游环境容量；

（3）旅游客源市场需求发展趋势；

（4）黄姚古镇客源市场的竞争力分析；

（5）主要客源市场人口、经济水平的发展情况；

（6）古镇类旅游区近几年游流量发展规律；

（7）充分考虑古镇内部的交通通达性。

（二）预测方法

采取定性与定量相结合的方法，在利用经验判断的基础上，征求相关专家意见。同时，在预测游客规模时，考虑如下因素：昭平县旅游业的发展速度与接待能力；古镇旅游资源的质量、类型、开发优势、开发制约因素等；广西壮族自治区内外游客发展趋势和旅游地生命周期规律；客源地的社会经济状况及周边景区现有年游客流量；广西壮族自治区内古镇类型旅游景区相关游客接待数据。

（三）规模预测

目前国内游客市场潜力大，因高铁等外部交通改善，近距离游客增速会很快，国内游客入境通道越来越畅通。以2019年游客年接待量936万人次为基准，经过昭平县黄姚古镇景区等发展，预测2020年游客年接待量将达到1022万人次。预测黄姚古镇游客年接待量于2025年达到1920万人次，2030年达到2036万人次。

第四章

黄姚古镇文化景观

第一节　古镇文化景观的形成

一、古镇文化景观的形成

（一）古镇的基本概况

黄姚镇位于广西壮族自治区贺州市昭平县，距县城中心40余千米，处于漓江流域下游，为典型的喀斯特地貌区，全镇总面积244平方千米，辖19个行政村（街）委会，语言以土白话和客家话为主。本研究选取黄姚镇中的黄姚古镇为案例地，即是指古镇街区以及与古镇相连的部分黄姚新街。据《昭平县志》记载，黄姚镇始建于宋开宝年间，明属宁化里，清咸丰年间属关区，民国十五年设为黄姚镇，新中国成立后一度改称黄姚区和黄姚公社，2005年与巩桥合为黄姚镇，镇政府设于巩桥。本研究的黄姚古镇所在地为一个村级行政单位，面积约3.6平方千米，当地农民收入主要以农业和桑蚕业为主，经济作物有黑豆、花生、油茶籽、烟叶等，土特产以黄姚豆豉、九制黄精、青梅、板栗、辣椒酱等为主。

黄姚古镇建筑景观风格独特。古镇内的景致共同构筑了一幅“小桥、流水、人家”的绝世美景，素有“千年古镇，梦境家园”之说。古镇的美景概括说是它的“六多”和“六有”等景观，“六多”为多山水岩洞、多亭台楼阁、多寺观、多祠堂、多古树、多楹联匾额，“六有”为有山必有水、有水必有桥、有桥必有亭、有亭必有联、有联必有匾。具体地说，美景包括古镇里的门楼、古戏台、古街、古井、民居、宗祠、庙宇、桥、亭、匾等有形建筑遗产，特别是作为整体出现的古镇聚落环境。古镇明清古建筑保存有300多幢，面积达1.6万平方米，完整保存8条石板街，全部用青石板砌成，全长10多千米，还有亭台楼阁10多处，寺观庙祠20多座，特色桥梁11座，楹联匾额上百副。古镇景观以八大景二十四小景闻名，自然生态资源以喀斯特岩溶地貌最为独特，周围高耸的酒壶、真武、叠螺、隔江、鸡公、天马、牛岩、天堂与关刀共九座翠绿山脉有如游龙聚向古镇，更兼几十棵年代久远、意境独特、错落有致、形态万千的古树的装点，加上姚江、宝珠江、隔山江的三河贯穿流淌，仿佛将黄姚古镇置身于山环水绕之中。1995年，古镇因梦境般的家园首次入列中国省级风景名胜区。1999年拍摄的电视剧《茶是故乡浓》和《酒是故乡醇》就在当地取景，其美丽景色吸人眼球。2005年古镇荣获了“中国最具旅游价值古城镇”称号；2007年入选第三批“中国历史文化名镇”；2009年被评为国家4A级旅游风景区；2018年全面开启国家5A级风景旅游区的建设进程，并于2022年成为国家5A级风景区。

（二）黄姚古镇文化景观的形成与留存

古村镇的形成与发展是诸多内外因素共同作用的结果，黄姚古镇文化景观的形成与当地经济、社会、文化、信仰以及生态环境密切相关，概括而言，大致可以分为以下几个阶段。

1. 汉唐至明中期，黄姚古镇本土文化景观的雏形期

早在汉代时期就有记载，大量瑶族迁进岭南地区，本土居民与外迁民族在此繁衍生息，地处南岭民族走廊的黄姚也成为瑶族和壮族共同居住之地。根据当地民间传说以及相关族谱记载，明代中叶以前，部分蒙、裘、邹、伍等汉姓居民迁居此地，并与当地居民杂居发展。黄姚古镇现存的宝珠观、古戏台以及带龙桥等文化遗存都是明代的建筑遗存，从这些建筑景观的功能和规模看，明朝中叶黄姚地区的汉族移民已经有了一定规模，这也反映出当时的经济发展水平。据当地人介绍，黄姚最早的定居者选址于姚江东面与兴宁河交汇的隔江山下，称为“山根寨”，现为“龙畔街”所在地；明中期聚落区域延伸到了真武山下，即为现在的新兴街（中兴街）。迁居而来的汉族与当地居民的逐渐交融。这一时期的民居建筑保存了较多的民族文化特色，延续至今的接龙社、印塘社、会龙社等土地庙都体现了强烈的农耕文明气息。同时汉族传统的院落建筑形式对当地的民居建筑产生了一定的影响，这对后来黄姚古镇建筑总体格局的形制具有重要影响。

2. 明末至清初，黄姚古镇文化景观的发展期

明朝末期，在经历了相对长时间的稳定发展之后，岭南闽、粤等地的汉族人口数量增长较快，引发了较严重的人地矛盾。在这一情况下，闽、粤西北部的汉族人口开始向人口相对稀少的桂、粤交界山区迁徙，由此也引发了汉族移民和当地居民的冲突、官府的镇压以及本土居民的反抗斗争，这种斗争一直持续到明朝末年。史料记载：“明景泰以后大藤峡瑶族倡乱，韩襄毅、王文成先后平定。”在镇压与反抗的过程中，部分瑶族、壮族居民或被同化或遭排挤而远徙异乡，其在桂东地区的分布范围不断缩小。此外，在黄

姚古镇的各姓氏族谱中也记载着黄姚的构建历史。如《郭氏族谱》记载，西迁始祖郭佐廷文墨精通，每有四海之志，于顺治初年作客西游至昭平，择里在本境黄姚，卜筑东门内而寄居焉。实际上，汉族迁入居民与当地居民的争斗或融合反映的是中原文化与百越文化的交流碰撞，这也造就了黄姚地区丰富的文化类型。这一时期，黄姚的民居建筑大量增加，民居建筑更多地表现出岭南民居的硬山、悬山、歇山顶式结构，同时避免因各种抢掠纠纷，出现了具有较强防范意识的门楼，为祭祀修建的兴宁庙，以及为纪念千总李道清而兴建的安乐寺等。

3. 清朝中后期至民国前期，黄姚古镇文化景观的鼎盛期

由于黄姚地处钟山、贺县、平乐、昭平四县的交界地带，该地区方圆30平方千米内没有固定集镇。依据德国学者沃尔特·克里斯塔勒的“中心地理论”，黄姚具有成为该地理单元内商贸小镇的区位优势。在清中后期，随着广东南海、高明等地的商贩陆续来到黄姚经商，一些商贩也定居于此，促使黄姚逐渐成为区域经济实力较强的商业小镇。其间来自广东的莫、古、劳、林、梁、黄等姓氏族人陆续迁入，经过一定时期的繁衍生息逐步成为黄姚的大姓。清中后期，在移民的陆续迁入及日常繁衍之下，黄姚民居和街道继续向兴宁河以北、姚江以西发展，先后出现了安乐街、金德街、天然街等相互连接、东南走向的商业街市。资料表明，乾隆年间，古镇已经发展成为区域内繁华的商镇。迁居而来的居民借助区位优势将本地的豆豉、黄精等农产品进行加工后转销外地，同时又将一些基本生活用品运回古镇销售，随着豆豉、榨油、染布、酿酒等农产品作坊的兴起，小镇俨然成为区域商贸中心，并最终形成了以金德街为主要商铺街巷的商镇。随着商业的繁荣发展，当地居民集聚了一定的财富，大兴房舍、宗族庙宇等，其建筑形态充分融合了当地的自然山水格局，并以宗族血缘和宗法制度为纽带，整个黄姚古镇的建筑格局参照道家九宫八卦的阵式排列。

这一时期，整个黄姚古镇实现了全面的发展，其经济、政治和文化都处于高速发展阶段，这既奠定了黄姚古镇的基本格局，同时也使其成为极负盛名的商业小镇。富甲一方的黄姚人在创造财富的同时也开始寻求功名，根据黄姚各姓氏族谱和县志的记载，乾隆时期出现了林作揖、莫蔼然等为官的人。在这种情况下，黄姚的民居建筑趋于豪华，观念习俗也更加重视风水和宗族信仰，这促使黄姚的民居、宗祠、戏台、亭台楼榭等建筑更加气派，独具特色的建筑样

式和民风习俗显示了黄姚独具特色的地域文化。

4. 民国后期至改革开放前，黄姚古镇文化景观日渐衰落期

战争造成的巨大的破坏，无疑也影响了黄姚古镇的商贸发展。这一时期，黄姚的民居建筑和基础设施未出现较大的更新，基本是延续着清朝中后期的文化景观遗存。新中国成立后，私有土地、祠堂和庙宇等不再是私人所有，一些祠堂被征用为仓库，宗族祭祖等活动被迫停止；珍贵的文化遗迹被捣毁破坏，导致一些独具地方特色的珍贵文化遗产消失殆尽。

5. 改革开放至今，黄姚古镇文化景观保护与破坏并存期

20世纪七八十年代，改革开放成为时代发展的主流，对地方文化遗产的保护逐渐恢复。在1993年到1996年间，各姓居民纷纷集资修缮宗祠，同时恢复以往的宗祠祭祀活动。随着2003年黄姚古镇景区的正式成立，旅游发展背景下的黄姚迎来了文化景观保护与破坏并行的时代。一方面，相关规章制度明确了对文化遗产的保护；另一方面，不科学的旅游规划以及管理的缺失等因素又使文化遗产遭受着破坏。总体而言，改革开放后，黄姚古镇的民居建筑和街道等遭受着现代化的冲击，出现了拆旧建新、无序改造等现象，虽然一些措施的出台确实也加强了对文化景观的保护，但是这一阶段黄姚古镇文化景观处于保护与破坏并存的阶段。

（三）黄姚古镇文化景观的构成要素

黄姚古镇文化景观是在特定的历史背景下孕育而成的，这一独特的地域文化景观依托于地方自然生态环境，将传统农业风俗、商业文化、宗族思想、堪舆理念等与自然环境高度融合，形成具有典型地方特色的文化景观综合体，使黄姚古镇的整体状况显现出独特的景观特征、景观元素和景观空间结构。参考孙艺惠（2008年）等人对地域文化景观的分类，本研究拟从黄姚古镇文化景观的自然环境要素、物质景观要素、非物质景观要素几个方面对古镇文化景观构成进行分类。同时，基于分类的结果对黄姚古镇的文化景观单体进行识别，以更更好地把握古镇文化景观综合体的内在特征，为后续研究提供指导。

1. 黄姚古镇文化景观的自然环境要素

自然环境要素包括地方气候、水体、生物、地形地貌等。黄姚古镇的真武山、千年榕、溪流等元素是地方文化景观构成中的重要组成部分，其浑然天成

的自然构造和巧妙布局所体现的堪舆理念也对古镇建筑的总体布局产生了重要影响。同时，独特的地理环境也对当地的舞鱼龙、取水节、柚子河灯节等地方民俗文化景观的举行提供了重要条件，对古镇现存的亭、桥、庙社的节点设置等也起到了一定作用。

2. 黄姚古镇文化景观的物质景观要素

物质景观要素是在自然环境的基础上创造和建设起来的可视性景观单元。由于人们对自然环境景观作用方式的目的性、差异性和改造强度的不同，使物质景观表现为各种形态、类型与组成结构。实际上，物质景观反映的是人们对自然环境景观的功利性改造，是不同类型的自然景观要素通过人类干扰所形成的能够为人所用的实体。黄姚古镇的物质景观要素主要表现为古镇发展历程中的各类景观实体，其中最具代表性的就是传统民居建筑、商业店铺与街道、亭桥、宗族祠堂等。这些物质文化景观所体现的文化景观符号，使其具有较强的地方性和可识别性特征。

3. 黄姚古镇文化景观的非物质景观要素

非物质景观要素是人们在生产生活过程中与自然和社会环境的相互作用所创造的内在价值观念。非物质景观要素是社会群体在认知和改造自然界与人类社会的过程中所形成的，主要表现为人们的环境观念、道德价值、信仰崇拜、社会风俗等涉及经济、文化、社会、组织、自然等方面的社会价值观。非物质文化景观要素的产生来源于自然界和人类社会，是人们对所处区域内自然圈层与社会场域内一切事物的认知表现，带有典型的地方特色和文化特征，是解读地方文化内涵最重要、最关键的切入点，同时也是区别于其他文化景观的重要识别因素。

表4-1　　　黄姚古镇文化景观构成要素与图例

景观要素		类型	特征	实例
自然环境要素	自然山水环境	自然环境	黄姚古镇的山水美景为整个小镇增添了韵味，山体位置、河流流向以及整体的空间格局蕴藏着传统风俗理念	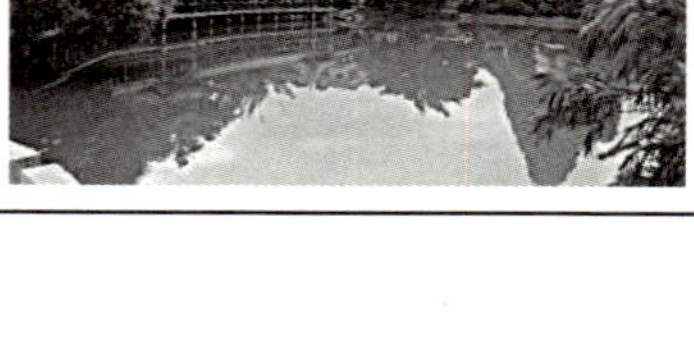

续表

景观要素		类型	特征	实例
物质文化景观要素	民居	居住建筑	黛瓦粉墙、砖木结构、天井、壁画与木石雕技术	
	商铺	商业与居住建筑	门前都有晾晒货物的石桌，门窗上有交易的小圆洞、牌匾等标示，一般是店铺与居住功能合一	
	街道	公共建筑	全部为青石板铺设，贯通于整个黄姚古镇	
	祠堂	公共建筑	祭祀祖先、办满月酒、议事的重要场所	
	土地社	公共建筑	古镇内共有六社，供奉的是土地公、土地婆，各设土地神“分管”各个方位，各街区居民逢年过节进行祭祀	

续表

景观要素		类型	特征	实例
物质文化景观要素	戏台	公共建筑	亭阁式砖瓦石木结构，分为前后台和厢房三部分，每年农历三月三都在戏台唱戏庆祝	
	寺观	公共建筑	土木结构二重院落，由大殿、门厅、厢房、天井、回廊等组成	
	古井	公共设施	名为仙人古井，按照日常生活需要对古井的用途进行明确划分，水池用途各异	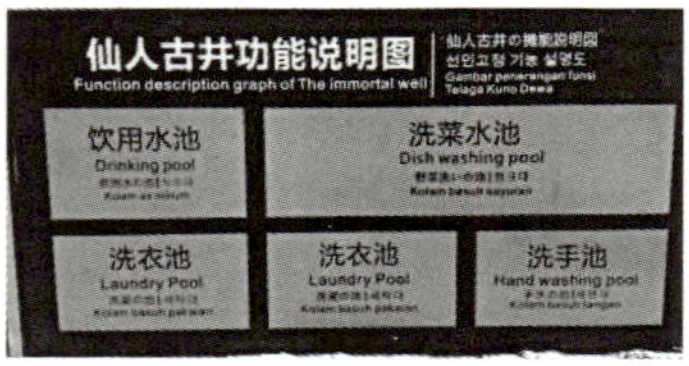
	亭台	公共建筑	亭台多与石桥和土地社连接在一起，并且都有对联印刻在上面	
	石桥	公共建筑	以带龙桥最为著名，全部是就地取材建造的石拱桥，既是古镇重要的交通，也是古镇文化的反映	

续表

<table>
<tr><th colspan="2">景观要素</th><th>类型</th><th>特征</th><th>实例</th></tr>
<tr><td>物质文化景观要素</td><td>古镇居民</td><td>行为景观</td><td>居民是文化景观的缔造者和延续者，同时他们也是古镇整体中最重要的活态组成部分，其生产生活及场景构成了最具活力的行为景观</td><td></td></tr>
<tr><td rowspan="6">非物质文化景观要素</td><td>地方风俗与节庆</td><td>地方民俗</td><td>除汉族传统节庆习俗之外，大年初二舞鱼龙，七月初七仙人古井的取水节，七月十四的柚子河灯节等节庆都是具有典型地方特色的民俗节庆活动</td><td></td></tr>
<tr><td>环境理念</td><td rowspan="5">民风民俗与思想观念</td><td>尊重自然、天人合一，认为环境与本地风水息息相关</td><td rowspan="5"></td></tr>
<tr><td>道德认知</td><td>秉承传统道德，以信为重</td></tr>
<tr><td>生产方式</td><td>农业与经商并举，善于小作坊式的生产</td></tr>
<tr><td>审美观念</td><td>感受自然、效法自然与自然和谐共处的审美观</td></tr>
<tr><td>生活态度</td><td>自然节律特征的“日出而作，日落而息”</td></tr>
</table>

二、黄姚古镇文化景观的特征

（一）根植于地域环境的特色文化景观体系

黄姚古镇地处南岭民族走廊的山区，喀斯特地貌孕育了其独特的自然山水环境。一直以来，黄姚古镇缺乏主要交通要道的连接造就了其相对封闭的区域环境。壮族和瑶族居民在此繁衍生息，形成了地方文化的原始积淀。随着明朝少数闽、粤居民的迁入，汉族文化与本土少数民族文化开始交流碰撞，地方文化也开始显现出汉族文化特色。清朝中期，迁居到黄姚的粤北人群数量达到顶峰，并依托黄姚的区位优势从事商业贸易，带动了黄姚地区社会经济的发展，使黄姚成为区域商业贸易小镇。在不同文化的相互影响过程中，汉族文化的同化力量使黄姚地区逐渐演化为汉族文化主导区，并在长期的贸易活动中形成了独具优势的商业城镇。同时，以经商富裕起来的居民在黄姚大兴土木，并以姓氏宗族为纽带建造了宗祠、屋舍和商铺。为防止财产被外界抢掠还修筑了门楼、围墙等设施，这使黄姚古镇形成了以几大姓氏为主的地域特征鲜明的商业文化，并在此基础上造就了如今的古镇文化景观。概括而言，地域性是黄姚古镇文化景观的基本特征，通过建筑风格、风俗习惯与居民行为等方面具体展现，物质文化景观与非物质文化景观形成了黄姚古镇文化景观的完整系统。

（二）地域文化景观凸显的特色元素

黄姚古镇的最大特色在于民居建筑、商铺街道、亭桥庙社与山水环境构成的整体空间美感，在于居民融于环境的生活状态与地方民俗的独特形式，即物质文化与非物质文化构成的景观元素美感。在物质文化景观中，古镇的建筑布局沿着内部的八条街道展开，整体可以分为商业街道和居民区街巷，在一些重要的节点处建有门楼、庙社、亭桥等设施。在非物质文化景观中，古镇的生活气息与状态以及特色民俗依托于物质文化景观，表达着古镇的“生命和性格”，诠释着黄姚的“文化本底和内在灵魂”。物质与非物质文化景观营造的整体环境状态是吸引游客前往的最大动力，是黄姚古镇最具美感和最具价值之处。

黄姚古镇的民居建筑形制以普通型和狭长型为主。在以居住功能为主的中兴街和龙畔街，房屋形制为普通型，一般以一户一宅为单位。由于南岭地区多雨水的特点，一般每家每户都设有天井，既能使雨水畅流，又可保证通风和采光。同时，一般屋舍都有屏风分隔内外屋，这与南岭地区的地方风俗有关。门窗等都采用镂空雕花的形式，屋檐下随处可见不同类型的壁画和浮雕，越是大户人家越明显突出。所有的屋舍都鳞次栉比地紧密相连，每条主街道中间则会有一两条巷道分隔，各巷道和主街道在婉转曲折之后都能联通，这既使整个黄姚古镇的房屋密度极高，也造就了古镇深街幽巷的意境。整个古镇街巷，都是由青石板铺设而成，在不同的街道交界处则以门楼为标志分隔，给人以移步换景的空间感。处于商业街区的房屋大多以狭长型为主，这主要是为了保证能有更多的店铺临近街道。一般而言，商业街区每个房屋都有典型的石桌和窗口交易小圆洞标识，内部构造与普通民居相差不大。

除了民居建筑和商铺街道，黄姚古镇在各关键节点上设置的门楼、庙社、亭桥等也别具古镇特色。“有山必有水，有水必有桥，有桥必有亭，有亭必有联，有联必有匾”，是对黄姚古镇的真实写照。所有亭、桥、庙、社都必不可少的附有对联诗词，这反映出黄姚浓厚的文化底蕴和艺术气息。

古镇居民的生活状态所折射出的日常生活气息使黄姚具有了生生不息的活力，而这种状态虽在无形之中显现却也必然依托于古镇的一砖一瓦、一草一木。在古镇的多处亭、桥、庙、社以及街巷等公共场所，不时可以看到三五居民在饭后、工作间隙或坐或倚在一起闲聊，这无疑是黄姚最淳朴的生活气息所在。这一景象与随处可见的楹联、题匾的古镇文化气息十分相符，即居民创造了当地文化，而文化又陶冶了当地居民。对于外来游客而言，黄姚古镇所有的一切都是具有美感的景色。

三、黄姚古镇文化景观形成的主导因素

地域文化景观的形成是多种因素共同作用的结果，不同类型的文化景观有着不一样的主导因素。概括而言，文化景观必然是通过以人为主体的塑造者，基于自然要素的基本载体，并在地方文化的指引下创造的融合当地特色的文化景象。文化景观是动态形成的，是在发展过程中塑造出来的，既印有特定时期自然与文化元素的深深烙印，又因为文化传承和时代发展的变化处于一定程度的动态更新之中。黄姚古镇文化景观的形成，反映了古镇历史发展进程中的文化内涵，具体而言，其文化景观的形成主要是受自然山水、商业经济活动、民俗理念、宗族思想以及中国传统文化观念等因素的主导，即为自然、社会文化与经济三大主导因素。

（一）自然环境因素对黄姚古镇文化景观的影响

黄姚古镇所处的自然山水格局是古镇文化景观塑造的基本条件，对文化景观的形成、发展与演变产生了直接影响。同时，这一基本条件下的气候、土壤等自然因素也直接决定了当地的农业生产状况，并对古镇的经济、文化、社会

习俗等方面的发展产生了一定的间接影响。

黄姚古镇所处地域被姚江等3条河流环绕，周围的真武山、酒壶山、鸡公山等分列其间，整体上营造出一个相对封闭狭小的地域环境。这一典型的喀斯特地貌区的地理环境为本土居民的繁衍提供了稳定的环境，同时也给迁居此地的粤北居民提供了发家的理想场所，而这一环境也最终影响了黄姚古镇主流文化的形成。在这片狭小的地域环境中，当地居民为适应人多地少的局面，开始种植黑豆、玉米、黄精等地方经济作物，同时依靠发达的水系航运进行产品贸易，实现了农产品的对外输出和日常生活百货的输入，这无疑为黄姚古镇的兴旺创造了条件。同样，区域内的自然格局使古镇的基本空间被锁定，水系、山体、植被、地形等则决定了聚落的选址、布局和建筑格调。沿河造城、依山面水是汉族的传统，黄姚古镇的地理环境使居民依照这一思想兴建民居建筑等基础设施。在喀斯特地貌的自然环境中，随处可见地表裸露的石柱、峰林等，这些天然的建筑石材为古镇建造提供了基本的材料。当前黄姚古镇街道内的青石板路，随处可见的石桌、石椅、石桥以及所有房屋的基底等都必不可少的使用了这些石材。可以说，典型地域环境背景下的基本要素为古镇的营造和最终的形成奠定了重要基础。这种人与自然和谐相处的思想使古镇居民也一直秉承着这种处事态度，整个古镇也由此焕发着这种纯朴气息。

（二）社会文化因素对黄姚古镇文化景观的影响

社会文化因素对黄姚古镇文化景观的规格、布局、形制，以及地方习俗等方面的形成和传承具有重要影响。概括而言，对黄姚古镇文化景观起主导作用的社会文化因素主要有：宗族思想、儒家思想、封建等级制度、地方习俗以及朴素审美观念等。

宗族思想一直以来都是封建社会时期，宗族集团为维护宗姓内部团结稳定而制定的一套准则，往往通过祭祖、婚庆与丧葬、族内会议等形式强化同姓宗族间的认同。黄姚古镇的古氏、郭氏等几大宗族的居民就是通过宗族之间约定俗成的内部规定维系在一起，这一思想和理念不仅对古镇聚落的空间形态产生了影响，同时也支配着建筑的形制、规格和功能，并且把同姓之间聚集在一个狭小的地域范围内形成宗族共同体。在宗族思想的影响下，同姓氏内部以宗族的祠堂为中心，按照血亲关系的纽带分布在祠堂周围，由此形成了多核心组团状的空间形态。以黄姚古镇为例，各姓氏宗祠作为宗族内部规章制度的物化载体，其规格、形制和功能显得尤为重要。古镇各大姓氏都有自己的宗祠，这些宗祠建筑庄严肃穆、中轴对称、浮雕生动、壁画精美。一般为三进结构，中间有天井设置，正中为祖先牌位，两旁设有厨房和储物间，以便祭祖之时设宴欢庆。

黄姚古镇充分利用堪舆理念中“水”为财富的理念，在古镇的入水口和出水口分别营造了亭社和门楼等景观，留住古镇的财气和好运。通过修筑石桥将“龙脉”之气引入古镇内部，聚气纳势、祈求祥和。而对自身居住之宅，则采用天井汇集流水、屏风阻挡财气外露、福祥壁画与精巧木雕寓意福寿安康。

汉族地区一直以来都深受传统儒家思想的影响，传统伦理观念和道德准则规范和制约着人们的思想和行为。黄姚古镇以农业为基础，以商业为中心的发展道路也承载着传统思想指导。作为区域内的商业中心，黄姚商贾重信重义，成就了一批富甲一方的儒商。而在商贾成就辉煌之时，古镇也格外重视科举教育，至今保存的司马第和郎官第是最有力的佐证。此外，古镇中的亭、桥、庙、社等诸多楹联牌匾之中亦可窥见其文化气息和传统思想。可以说，传统文化思想赋予了黄姚古镇深刻的文化积淀，而这一切都表现在黄姚的建筑与习俗之中。

同样不可否认的是，黄姚古镇延续至今的传统习俗对古镇文化景观的塑造起到了重要作用。古镇以农业为基础的生产生活方式和以商业为中心的贸易活动既深化了一系列的农商祈神活动，也因为这些活动使得古镇非物质文化景观更加丰富多彩。当前古镇延续传承的河灯节与祈求风调雨顺不无关系，而古镇的诸多社祠也与农商活动有着密切的关联，曾经异常红火的古戏台更是当地繁荣的见证，而居民日常生活的态度则是古镇先民遗风的传承。总之，黄姚古镇的风俗习惯使古镇的文化景观更加丰富多彩。

（三）经济因素对黄姚古镇文化景观的影响

雄厚的经济实力是造就黄姚古镇文化景观的本质因素。黄姚古镇在清朝中期发展到鼎盛，而这一时期也奠定了黄姚文化景观的最终格局。明末清初，大量迁居黄姚的粤北居民在经过一段时间的发展之后积累了大量财富，至清中期达到最大化，依托农业发展起来的商贸业成就了一批富贾家族，这些家族一方面秉承着传统的宗族观念，另一方面为了求得长久财富和家族兴旺，开始兴建和修缮宗祠与屋舍。据族谱和宗祠石碑记载，黄姚的宗祠大部分是在这一时期兴建起来的。在财富鼎盛之后，黄姚的基础设施也日趋完善，亭、桥、社、祠堂等公共性财产在各街区都很完备，作为庆祝性的节庆活动更加的红火，每年正月初二的鱼龙节、三月三的戏台表演、七月十四的河灯节都很好地说明了这一点。

在积累了大量财富之后，人们必然也重视对财富的保护和防范。从黄姚古镇各街道的门楼设置中可以发现，当时为了保证古镇财产免遭抢掠，黄姚古镇的亦孔之固、永安门、东门楼等在夜间都会有专门的看守人员，且这些门楼经过设计都可以起到一定的防盗作用。同时，在实现财富积累之后，黄姚的富足家庭中出现了捐官现象，说明在取得经济成就之后的黄姚人开始向仕途迈进。概括而言，经济的繁盛使得黄姚生机勃勃，带动了黄姚农商的进一步发展；而拥有大量财富的黄姚人也以雄厚的物力、财力改造着黄姚的一切。因此可以说，经济因素是主导黄姚古镇文化景观的本质因素。这一因素不仅体现在黄姚古镇文化景观创造的繁荣期，同样也因为经济实力的衰退，使得黄姚的传统文化景观在改革开放之后因为居民经济实力有限而免遭过快破坏。

第二节　古镇文化景观的变迁

一、黄姚古镇文化景观类别与问卷量表构建

（一）黄姚古镇文化景观类别与现状

黄姚古镇丰富的文化景观遗产散发着独特魅力，吸引着四面八方的游客到此游览参观。总体而言，黄姚古镇的文化景观是以典型喀斯特地貌环境为基础，以明清时期典型岭南建筑聚落为主体，以石板街道、店铺、亭桥、庙社、地方特产等元素所形成的文化景观为代表。对黄姚古镇文化景观的类型梳理与发掘有利于进一步对古镇的文化元素进行透彻分析，结合调研的实际情况判断各类型景观的完好程度，为后续系统研究旅游背景下古镇文化景观演变提供指标依据。为更加直观地了解黄姚古镇文化景观的类别，研究拟将古镇文化景观分为自然景观、物质文化景观和非物质文化景观三大主类，十六个亚类，详见表4-2。

表4-2　　　　　　**黄姚古镇文化景观类型与现状**

主类	亚类	景观代表	基本现状
自然景观类	溪流	姚溪、小珠江、兴宁河3条	河流保存完好，近年来，水边的祈神石碑增多，新增了两处码头
	山体	真武山、酒壶山等8座	自然山体面貌依旧
	风水树	龙爪榕、古樟等19株	环境相得益彰
物质文化景观	街道	金德街、安乐街等7条	街道总体状况依旧，少部分巷道由原来的石板路变成了水泥路
	民居	司马第、郎官第等300余间	除新式楼房外，传统民居样中诸如门窗、内部装饰等存在不同程度的变化
	商铺	古记当铺、黄姚故事等五六十有余	商铺的空间布局变化较小，但内部布局、重要标志、商品销售等发生了转变
	宗祠	郭氏、古氏等9大宗祠	宗祠多在20世纪90年代维修过，壁画、雕饰和祭祀程序等受到不同因素的影响
	庙社	安乐寺、接龙社等9处	存在不同程度损坏，功能价值依旧延续
	门楼	三星楼、东门楼等7处	总体构架保存完好
	楹联壁画	分布于各类建筑之上	主街道的壁画损毁严重
	亭	见龙亭、兴宁亭等5处	总体构架保存完好
	石桥	带龙桥、三星桥等8处	一些石桥已经不复存在，为保障游客安全，一些石桥增加了一定的防护措施
	古井	仙人古井等	格局基本保存完好，有一处经过景区适当改造之后在雨天难以保证水质
非物质文化景观	民俗节庆	舞鱼龙	随着人们生活水平的改善、旅游公司的宣传需要以及资金资助等因素的影响，规模有所扩大，形式更加丰富
		三月三	
		取水节	
		河灯节	
	传统技艺	豆豉、干果等技艺	传统作坊式的制作场景减少，制作工艺变化很小，对产品的创新比较明显
	日常生活景象	服饰、生活气息等	旅游开发后古镇原住居民减少，生活气息有所减弱，古镇商业化气息严重

上表将黄姚古镇文化景观的类型进行了分类，对代表性景观元素的现状进行了描述，有助于加深对古镇文化景观现实情况的了解。以此为基础，对构建古镇文化景观的综合指标体系有了明确的指导。

（二）黄姚古镇文化景观问卷量表

结合国内外学者的研究成果和黄姚古镇的具体情况，本研究立足于旅游发展背景下黄姚古镇文化景观演变的实际问题，结合实地调研的信息，初步确定将黄姚古镇文化景观分为物质文化景观和非物质文化景观两大类，并在此基础上设计调研问卷的细分指标。借鉴前人研究成果及课题组的指导意见，研究将黄姚古镇文化景观演变的一级指标设定为建筑景观、商业景观、传统农业景观、人口景观、生活景观、制度精神景观6个方面。每个一级指标下设若干二级指标，对古镇文化景观进行深入透彻的调研。通过分析调研数据，掌握古镇文化景观演变的特征、程度、趋势等，最终得出黄姚古镇文化景观演变的内在机理。问卷设计题项见表4–3。

表4–3　黄姚古镇文化景观演变的调查细化表与题项来源

建筑景观	设计参考	商业景观	设计参考
X1 房屋数量的变化 X2 房屋面积与层数变化 X3 房屋功能用途变化 X4 房屋附属部件变化 X5 古镇门楼的变化 X6 屋舍楹联壁画变化 X7 古镇亭、桥变化 X8 古镇宗祠的变化	Jongma 2002； 陆林 2004； 肖璇 2009； 胡海胜 2011； 吴忠军 2013； 徐娜 2013；	X9 商业街道空间变化 X10 街道店铺类型变化 X11 店铺集中性变化	Medina 2003； 保继刚 2004； 丁绍莲 2008； 王云才 2007； 张熹 2012；
传统农业景观	**设计参考**	**人口景观**	**设计参考**
X12 耕地面积变化 X13 农业种植收入变化 X14 农业种植作物变化 X15 农业耕作工具变化 X16 农业耕种习俗变化	Lipsky 1995； Peliening 2006； Anna 2009； Mobtis 2014； Solon 2009； 程乾 2006； 孙艺惠 2008； 王云 2014；	X17 人口总数变动程度 X18 人口的季节性变化 X19 外出打工人数变化 X20 参与旅游工作人员变化	Singh 2013 胡海胜 2011； 游巍斌 2012； 叶丽萃 2012； 周晓珍 2013
生活景观	**设计参考**	**制度精神景观**	**设计参考**
X21 饮食结构和种类变化 X22 地方服饰的变化 X23 出行交通方式变化 X24 街道和石板路变化 X25 古镇生活气息的变化	Stewart 2005； Hoang 2014； 吴忠军 2013； 孙九霞 2011； 侯兵 2013	X26 当地语言结构变化 X27 传统手工技艺变化 X28 宗族信仰与维系变化 X29 节庆表演内容与仪式变化	MacDonald 2003； 孙艺惠 2008； 吴忠军 2013； 王云才 2013；

上述问卷题项的构建参考了当前国内外相应的研究成果，并结合了黄姚古镇的客观情况，选取其中使用率比较高的度量指标，以确保问卷调研能够确切反映文化景观的演变。上述问卷题项的构建是基于居民感知视角所设计的，因指标只涉及不同类型的景观变化程度感知，所以进一步调查居民对景观演变的影响因素十分必要。影响因素的调查旨在探索文化景观演变的原因，对分析黄姚古镇文化景观演变的内在机理具有重要作用。

二、实地调研与数据分析

（一）实地调研

通过对黄姚古镇文化景观类别的分析与文化景观指标体系的构建，结合2014年5月1日至2日为期两天预调研的基本情况，研究设计了调研问卷和访谈提纲。问卷主要由两大部分组成：第一部分为黄姚古镇文化景观不同类型的演变程度调查，这一部分采用李克特5点量表（从“变化很小”到“变化很大”按变化程度由低到高分别赋值为1～5分）；第二部为居民的人口统计特征以及社会属性。正式调研于2014年7月2日至10日在黄姚古镇展开，此次调研实际发放问卷235份，问卷发放采用一对一解答与访谈的方式进行，确保居民了解研究的意图和题项的意思，且注重深入的访谈，每份问卷所需时间较长，确保严格把握调研质量。

考虑到旅游发展背景下黄姚古镇所显现的巨大差异性，为深入彻底地解读黄姚古镇文化景观演变及内在机理，研究按照古镇主体街道（金德街、安乐街等7条街道）所确定的区域进行分区研究，相应的问卷发放数量也注重各街区的均衡性和科学性。在实际调查中，以户为基准单位发放问卷，最终收回有效问卷208份，问卷有效率为88.5%（表4-4）。研究对问卷数据的分析采用SPSS19.0统计软件进行统计分析，对个别缺失数据采用样本平均值替换。

表4-4　各街区实地调研问卷发放情况表

街巷	性质	现存户数	问卷发放数
迎秀街（牛巷）	商业街+居住	45	36
天然街	居民区	32	22
金德街（羊巷、大贵巷子）	商业街+居住	73	53

续表

街巷	性质	现存户数	问卷发放数
安乐街（劳家巷、狗吠巷、寺观巷、水井巷）	商业街+居住	70	47
鲤鱼街	商业街+居住	15	10
中兴街	居住区	67	45
龙畔街	居住区	32	22

通过实地调研和资料收集，对黄姚古镇总体情况与各街区的分布情况进行统计。从表4–5可以发现，随着黄姚古镇旅游业的发展，古镇总体面貌发生了巨大变化。从古镇总体情况来看，2003年后民居建筑总共减少了44座，而现代式的新建筑增加52座，传统明清风格的青砖民居建筑减少了36座，泥土式民居建筑减少了60座，这其中坍塌无人管制的有37座。对于各主街区房屋总数来说，除鲤鱼街保持数量不变外均有不同程度的减少，其中金德街减少数量最多，为12座；而中兴街新建楼房最多，已达到35座，占该街区总数的53%，占古镇新增楼房的67.3%，这也使得其传统民居建筑减少最多，其他各街区新房数量与传统民居均有不同程度的增减。此外，黄姚古镇旅游发展之后坍塌了37座民居（主要集中在巷道中），其中金德街的巷道坍塌数量最多，达12座。客栈则主要分布在迎秀街和金德街，而旅游商店则主要集中在金德街和安乐街，农家餐馆分布于金德街和中兴街，非旅游参观的民居建筑集中在中兴街，其中有大量属于现代新房。

表4–5　　黄姚古镇总体与各街道民居演变对比信息表

项目	户数	现代式	青砖式	泥土式	坍塌	客栈	旅游商店	餐馆	民居
	A/B	A/B	A/B	A/B	C/D	C/D	C/D	C/D	C/D
古镇综合	384/340	33/85	222/186	129/69	5/32	20/20	77/7	9/7	83/120
迎秀街	55/49	4/9	35/28	16/12	0/3	7/4	12/0	2/0	11/13
天然街	38/34	1/3	20/19	17/12	1/1	2/1	2/1	0/0	19/11
金德街	91/79	12/17	54/51	25/11	0/12	3/8	31/0	1/4	9/23
安乐街	68/62	5/8	51/46	12/8	1/5	2/1	28/4	0/0	10/17
中兴街	75/66	8/35	32/16	35/15	3/4	3/3	2/0	3/1	23/31
鲤鱼街	19/19	2/4	10/10	7/5	0/0	3/0	2/0	3/0	2/9

续表

项目	户数	现代式	青砖式	泥土式	坍塌	客栈	旅游商店	餐馆	民居
	A/B	A/B	A/B	A/B	C/D	C/D	C/D	C/D	C/D
龙畔街	38/31	1/9	20/16	17/6	0/7	0/3	0/0	0/2	9/16

备注：现代式表示新建房屋；青砖式、泥土式表示传统明清民居建筑。
A 表示旅游正式开发之前（数据来源于昭平县房产管理局2003年勘测）。
B 表示当前（数据来源于2014年7月调研统计结果）。
C 表示黄姚古镇的主街道。
D 表示隶属于主街道的小巷道。
调研统计与政府统计存在某些差别，个别数据存在细微偏差，但不影响总体情况。

（二）数据分析

1. 受访者的基本特征分析

研究从性别、年龄、收入、学历、本地居住时间、参与旅游情况等几方面了解受访者的基本特征。从样本统计分析结果来看，7个街区的基本情况在某些方面保持相对一致性，而在有些方面因为旅游发展程度的不同则显现出了较大的差异，这与旅游背景下黄姚古镇的实际情况相符。从性别上看，天然街和龙畔街的女性多于男性，这主要是由于两者都是生活区，相当部分的男性劳动力群体外出务工；从年龄上看，差异性较小，大部分为30～49岁年龄段的居民；家庭年收入方面，以旅游商业为主的迎秀街、金德街、安乐街以及鲤鱼街的居民收入较高（3万～6.9万元/年的人数较多），主要原因在于这些街区多数居民直接或间接参与了旅游；学历方面，所有街区居民的文化程度大多在初中及以下，这与年龄分布有着密切关系，也说明当地居民的文化水平有待提升；居住时间方面，80%的受访者已居住20年以上，可以认定为绝大部分的受访者都是土生土长的黄姚古镇居民；在参与旅游层面，客栈、旅游商店、农家餐馆主要分布在商业街区，天然街、中兴街和龙畔街则主要扮演着居民区的功能。

表4–6　　黄姚古镇各街区受访居民的基本情况

基本情况	类别	街区构成/%						
		迎秀街	天然街	金德街	安乐街	中兴街	鲤鱼街	龙畔街
性别	男	51.6	47.8	58.3	57.1	51.4	54.5	45.0
	女	48.4	52.2	41.7	42.9	48.6	45.5	55.0

续表

基本情况	类别	街区构成/%						
		迎秀街	天然街	金德街	安乐街	中兴街	鲤鱼街	龙畔街
年龄	16~20岁	12.9	2.2	10.4	5.1	5.1	0.0	5.0
	21~29岁	19.3	4.5	22.5	19.8	11.8	10.1	10.0
	30~39岁	35.5	31.3	37.8	34.3	28.6	39.3	15.0
	40~49岁	23.6	42.6	20.4	25.6	34.3	32.4	45.0
	50~59岁	5.6	11.3	7.2	10.7	13.7	18.2	20.0
	60及以上	3.1	8.1	1.5	4.5	6.5	0.0	5．0
家庭年收入	1万以下	6.4	12.5	8.3	7.5	10.1	0.0	30.0
	1万~2.9万	19.4	38.1	20.8	26.2	42.8	18.2	25.0
	3万~4.9万	29.0	23.8	43.8	35.4	27.9	45.5	20.0
	5万~6.9万	35.5	19.1	16.7	21.4	13.4	27.3	15.0
	7万以上	9.7	6.5	10.4	9.5	5.8	9.0	10.0
学历	小学及以下	38.7	42.9	35.4	31.0	31.4	36.4	35.0
	初中	45.2	47.6	43.8	42.9	42.9	45.5	45.0
	高中或中专	12.9	9.5	16.7	21.3	20.7	18.2	20.0
	大专或本科	3.2	0.0	4.2	4.8	5.0	9.0	0.0
本地居住时间	5年以下	3.2	0.0	4.2	4.8	2.9	0.0	0.0
	5~10年	9.7	0.0	4.2	2.4	0.0	0.0	0.0
	11~20年	6.5	0.0	6.3	2.4	5.8	9.1	10.0
	20年以上	80.6	100.0	85.3	90.4	91.3	90.9	90.0
参与旅游的情况	家庭旅馆	9.7	9.5	10.4	2.4	14.3	36.3	15
	农家乐餐馆	6.5	0.0	6.3	7.1	11.4	27.3	10.0
	旅游商店	38.7	14.3	58.8	52.4	5.8	18.2	0.0
	门口小摊	16.1	23.8	16.7	21.4	11.4	10.1	20.0
	未参与	29.0	52.4	7.8	16.7	57.1	8.1	55.0

2. 问卷与量表的信度和效度分析

调研问卷中的数据主要采用Excel2003和SPSS19.0统计软件进行分析，对缺失数据采用样本均值替代法进行处理。为确保问卷数据的合理性和研究的科学性，基于信度分析对问卷中的29个指标进行检验，采用克朗巴哈系数 Cronbach's Alpha（或Cronbach's α）信度系数法对指标的信度和效度进行分析。Cronbach's α系数的值介于0—1之间，当$0.5 \leq$ Cronbach's $\alpha < 0.7$时，表示可信度一般；当$0.7 \leq$ Cronbach's $\alpha < 0.9$时，表示可信度较高；当$0.9 \leq$ Cronbach's α时，表示十分可信。经计算，黄姚古镇总体问卷指标的标准化克朗巴哈系数α=0.846，各街区的问卷量表的Cronbach's α分别为0.834、0.815、0.847、0.851、0.798、0.791、0.817，这说明居民对黄姚古镇文化景观演变的问卷量表具有较高的内在信度。

表4-7　　黄姚古镇及各街区调研问卷标准化信度分析

项目	Cronbach's α	基于标准化项的Cronbach's α	项数
古镇全体	0.878	0.846	29
迎秀街区	0.852	0.834	29
天然街区	0.827	0.815	29
金德街区	0.849	0.847	29
安乐街区	0.866	0.851	29
中兴街区	0.801	0.798	29
鲤鱼街区	0.821	0.791	29
龙畔街区	0.833	0.817	29

（三）旅游背景下黄姚古镇文化景观演变分析

基于黄姚古镇社区居民感知视角，通过对社区居民进行问卷调查和详细访谈，将所得数据进行统计分析，探析古镇总体和各街区不同类型文化景观的演变状态与程度，并从中解析黄姚古镇的新形态。在上述基础上进一步对演变因素进行详细剖析，梳理出黄姚古镇文化景观演变的内在要素，并构建出文化景观演变的内在机理，以此指导黄姚古镇文化景观保护与有序更新，最终实现景观与旅游的协调可持续发展。

1. 黄姚古镇建筑景观演变分析

建筑景观是黄姚古镇遗存最丰富、最具吸引力的物质文化景观，典型岭南气息的明清建筑群是古镇最宝贵的文化遗产，研究旅游背景下黄姚古镇文化景观演变具有重要意义。从调研统计数据来看，古镇建筑文化景观主要体现在以下几点：

（1）房屋的雕刻与壁画演变最明显。黄姚古镇房屋的雕刻、壁画演变最明显（M=3.408，其中M为感知均值，下同），从古镇不同街区来看，安乐街（M=4.233）＞中兴街（M=3.667）＞迎秀街（M=3.639）＞金德街（M=3.529）＞天然街（M=3.124）。引发房屋雕刻与壁画演变的原因主要可以分为两类，第一类因素是旅游发展需要，对雕刻壁画进行大规模的重修，即旅游公司为了创造所谓的“文化新面貌”，将安乐、迎秀、金德与天然街的壁画重新绘制成了色彩鲜明、风格迥异的样式，原有的古老壁画全部被覆盖，使原来的雕塑与壁画文化景观彻底消失；第二类是新式房屋大规模重建引发的原有雕刻与壁画的彻底损毁，以中兴街为代表，大规模的毁旧建新使原有的雕刻壁画不复存在。

（2）房屋的附属部件门、窗、地面、墙体等变化较为明显。古镇房屋的附属部件演变也较明显（M=3.320），而从古镇不同街区划分来看，鲤鱼街（M=3.000）处于边沿，其余的街区都保持在M=3.300以上，即演变程度介于一般和较大之间。从数据上看，古镇商业街区和生活街区的演变程度处于同一程度，其原因在于古镇大部分的青砖式建筑能够得以保存。因为内部木结构式的门、窗等易受腐、受虫蛀等的影响难以留存，所以这一类型的部件在古镇普遍存在一定程度的变化，其差异性较小。调研发现，黄姚古镇民居建筑中，多对窗户进行更换和改造，房屋的一些内部构造也存在一定程度的变化。

（3）演变程度较小的是房屋数量、功能用途、门楼以及亭桥。居民感知古镇房屋数量演变程度较小（M=2.461）；各街区只有中兴街（M=3.500）演变程度较大。因为中兴街近年来出现了大量的新式房屋，青砖和泥土式的明清建筑大为缩减，这与上表的统计结果反映的实际情况较为相符。调研发现，房屋坍塌和新式房屋主要出现在内部的边沿地带和外部交通便利区域，主街道区域基本保存着原有的民居建筑。房屋的功能用途演变相对较小（M=2.824），但各街区之间则出现了较大的差异。数据表明，当前旅游商业化较严重的金德街（M=3.448）、安乐街（M=3.233）以及迎秀街（M=3.051）其房屋功能演变程度较大，这与其参与旅游的程度相符，而其他如天然街等生活区为主的街区其功能演变程度则较小。

（4）演变程度最小的是房屋的层数和占地面积（M=1.551）。数据显示，黄姚古镇民居建筑的层数和占地面积演变程度最小，大部分的明清建筑风格都保存着原有的层数和占地面积，而新建的楼房多数也是以原有地基大小为主，楼层则一般都有所增加，只有少数在古镇边沿地带的新式楼房占地面积有所扩大。总体而言，黄姚古镇的房屋层数与占地面积演变程度较小。除此之外，旅游发展背景下，黄姚古镇的宗祠演变也较小（M=1.653）。调研发现，几乎所有的宗祠都在90年代初期有所修缮，并且按照修旧如旧的方法和理念进行，其外观风格和内在布局基本延续原有的样式，以体现文化底蕴。同时，当前黄姚古镇各姓氏也都比较重视祭祖等族群内的活动，因此居民感知古镇的宗祠演变程度很小，与以前的宗族活动比较相似。

表4–8　　黄姚古镇与各街区建筑景观演变分析

项目		x1	x2	x3	x4	x5	x6	x7	x8
古镇总体	均值	2.461	1.551	2.824	**3.320**	1.987	**3.408**	2.053	1.653
	标准差	0.699	0.318	0.426	0.503	1.090	0.645	0.333	0.606
迎秀街	均值	2.222	1.618	**3.051**	**3.333**	2.000	**3.639**	2.000	1.333
	方差	0.444	0.194	0.250	0.250	0.250	0.361	0.750	0.500
天然街	均值	2.059	1.438	2.116	3.172	2.313	**3.124**	1.197	1.134
	标准差	0.340	0.471	0.317	0.170	0.216	0.432	0.266	0.125
金德街	均值	2.818	1.647	**3.488**	**3.304**	2.1176	**3.529**	2.459	2.177
	标准差	0.610	0.368	0.507	0.721	1.110	0.390	0.309	0.529
安乐街	均值	2.416	1.367	**3.233**	**3.667**	1.667	**4.233**	1.833	1.167
	标准差	0.167	0.167	0.167	0.267	0.667	0.567	0.167	0.167
中兴街	均值	**3.500**	1.778	2.510	**3.333**	2.500	**3.667**	2.547	1.667
	标准差	0.700	0.267	0.300	0.267	1.900	1.067	0.400	0.667
鲤鱼街	均值	1.674	1.182	3.176	2.961	1.564	2.674	1.549	1.311
	标准差	0.569	0.413	0.325	0.294	0.379	0.521	0.477	0.271
龙畔街	均值	2.537	1.852	1.791	**3.477**	1.738	2.933	2.776	2.783
	标准差	0.435	0.239	0.219	0.341	0.295	0.589	0.368	0.472

备注：×1 古民居数量的变化；×2 房屋层数与占地面积变化；×3 房屋功能用途的变化；×4 房屋附属部件的变化；×5 古镇门楼的变化；×6 古镇壁画雕刻的变化；×7 古镇亭、桥的变化；×8 古镇宗祠的变化。

2. 黄姚古镇商业与农业景观演变分析

黄姚古镇因为商业贸易实现了繁荣发展，明清时期最繁华的商业街道主要是以金德街为核心轴带，向两旁的迎秀街和安乐街拓展。在内外因素的影响下，民国之后古镇商业没落，20世纪90年代为了方便古镇的管理以及促进社会经济发展，黄姚古镇在新街附近新建了农贸市场，大部分的商业贸易搬离古镇。旅游开发之后，黄姚古镇迎来新的发展机遇，传统的商业店铺和商业街再次焕发生机。而古镇的农业发展则与社会经济发展和土地征收等存在密切联系，这也使农业景观出现了一定的演变。黄姚古镇商业和农业景观演变主要体现在以下几点：

（1）商业景观中演变程度最明显的为店铺类型。黄姚古镇商业景观总体演变处于一般偏上的演变程度（M=3.286）。各街区中，迎秀街（M=4.107）＞金德街（M=3.941）＞安乐街（M=3.863）＞鲤鱼街（M=3.472），这主要是因为黄姚古镇原有的商业店铺主要经营日常百货用品，如今则主要集中在吃、住、购等与旅游者密切相关的旅游服务行业，即说明商业街区的店铺类型发生了较大的转变。此外，古镇店铺的集中性（M=2.801）和商业街道的空间分布（M=2.659）演变程度则较小。调研发现，黄姚古镇当前的商业街区仍然是以原有的金德街、安乐街和迎秀街为主，店铺大多集中在主干街区，不过有小部分开始延伸到了主街的巷道内部。各街区中，商业街道空间分布变化程度最大的是鲤鱼街（M=3.113），需要指出的是，鲤鱼街原属于安乐街，因此与安乐街的交接处原本拥有少量的店铺，在旅游开发后其进一步的拓展成为一条旅游商业街，故分布出现了一定的变化。

（2）农业景观中演变程度最明显的为耕地面积。古镇农业景观中耕地面积（M=3.583）演变程度最大，说明耕地面积出现了较大的变化，这在一定程度上导致了农业收入的变化（M=3.064）。在社会经济发展下，其耕作工具也必然会发生一定的变化（M=3.248）。古镇各街区，耕地面积的演变程度中迎秀街（M=4.238）＞金德街（M=3.913）＞安乐街（M=3.607）＞鲤鱼街（M=3.552）＞3.500，演变程度较大，这与旅游开发后土地征收密切相关。调研信息表明，迎秀街被征收的田地面积最多，而中兴街因为只有两大姓氏，比较团结并进行了抗争，只征收了牛利寨半岛一小块田地，所以迎秀街居民感知耕地面积变化最大，而中兴街则最小。对于农业耕种的作物和种植习俗则变化较小，这主要是因为耕作的作物受制于地理区位等要素的影响，时令也很稳定。因耕种习俗原本就比较少，相应的演变程度也比较小。总体而言，农业景观受耕地面积的影响最大，并因此引起农业收入的变化。

表4–9　黄姚古镇与各街区商业景观及农业景观指标分析

项目		x9	x10	x11	x12	x13	x14	x15	x16
黄姚古镇	均值	2.659	3.286	2.810	3.583	3.064	2.401	3.248	2.335
	标准差	1.426	1.613	1.000	1.512	1.196	0.791	0.781	0.759
迎秀街	均值	2.756	4.107	2.906	4.238	3.633	2.222	3.268	1.778
	标准差	1.028	0.750	0.278	1.000	0.250	0.444	0.750	0.444
天然街	均值	2.251	2.139	2.677	3.412	2.879	2.107	3.411	2.491
	标准差	0.834	0.871	0.592	0.965	0.541	0.681	0.304	0.201
金德街	均值	2.894	3.941	3.265	3.913	3.407	2.529	3.353	2.294
	标准差	1.096	1.184	1.066	1.368	1.125	0.640	0.993	1.221
安乐街	均值	2.333	3.863	2.918	3.607	3.268	2.668	3.167	2.168
	标准差	1.067	1.400	1.067	1.400	1.467	1.467	0.567	1.167
鲤鱼街	均值	3.113	3.472	2.361	3.552	3.000	2.394	3.262	2.734
	标准差	0.733	0.478	1.021	0.693	0.102	0.431	0.588	0.945
中兴街	均值	2.570	3.017	3.107	3.097	2.533	2.668	3.168	2.501
	标准差	0.700	0.800	0.267	0.967	1.467	0.667	0.567	0.800
龙畔街	均值	2.693	2.466	2.433	3.256	2.731	2.205	3.104	2.371
	标准差	0.784	0.672	0.891	0.671	0.582	0.782	0.617	0.639

备注：×9 商业街道空间分布的变化；×10 街道店铺类型的变化；×11 街道店铺的集中性变化；×12 耕地面积的变化；×13 农业种植收入的变化；×14 农业种植作物的变化；×15 农业耕作工具的变化；×16 农业耕种习俗的变化。

3. 黄姚古镇人口与制度精神景观演变分析

（1）人口景观中，演变最显著的是人口的季节性变动。黄姚古镇人口景观中人口的季节性演变程度较大（M=3.732），各街区的人口季节性变化均值都较大，但是差异不太明显。古镇人口景观的季节性变化很大程度上与旅游开发有关，同时，也与当地居民外出务工的季节性返迁有关。在旅游淡季和旺季，黄姚古镇的旅游人数存在较大的差异，旺季各主要街区人满为患，而淡季则只有零星的游客和居民。黄姚古镇接待的多为一日游的周边县市游客和广东游客，因此周末和工作日的游客数量差异比较大。此外，天然街、中兴街等生活街区，外出务工人员比较多，在节假前后返乡时间段人口的变化也比较大。相比较而言，古镇人口总数（M=3.143）和外出务工人数（M=3.201）则处于一般的变动程度。自2003年古镇旅游正式开发之后，政府出台的一系列保护古镇工程及安居工程使一部分居民搬离了古镇，因此总数出现了一定程度的变化。同时，旅游规划开发出现的征地问题使部分居民丧失了原有的生产资料，选择外出务工就业的中青年占了一定的比例。

（2）人口景观中演变最小的是参与旅游的人数。古镇参与旅游人数的变动程度（M=2.906）接近一般程度3.000，各街区中，金德街（M=3.382）>鲤鱼街（M=3.219）>安乐街（M=3.067），表明商业街区的旅游参与人数变动较大，而处于生活街区的天然街等则保持着较小的变动程度。这说明，旅游开发和参与的程度直接影响着居民参与人数的变动。

（3）制度精神景观中演变最明显的是节庆与仪式。居民感知黄姚古镇制度精神文化景观演变中节庆与仪式（M=3.546）程度最明显，处于较大的演变程度，各街区之间没有显著的差异，这与节庆活动的公共性有很大关系。调研发现，黄姚古镇每年定期举行的正月初二舞鱼龙、三月三古戏台活动、七月十四河灯节等节庆活动和仪式都比旅游开发之前更隆重、丰富和广泛。这主要是因为景区意在借助传统节庆的特色吸引媒体和外界的关注，提升景区知名度。因此，在资金、管理、物质保障等层面都给予支持。同时，黄姚古镇成立的“旅游发展促进会”也联合了古镇各街区的年长者，将地方传统文化产品进行创新与再发展。调研期间，古镇“旅游发展促进会”中的很多年长者正在排练地方传统戏曲，并展示了一些创新性的节庆产品，包括舞鱼龙中动物塑像的创造以及对不同类型灯笼便携式操作的改进，这些产品对节庆活动和意识有很大的促进作用。此外，“旅游发展促进会”也鼓励年长者恢复传统工艺，一些年长者修复的传统布鞋、布帽等都丰富了古镇的文化遗存。在景区和“旅游发展促进会”的协助和支持下，节庆活动越办越大，节庆的仪式也越来越注重原来这类节庆活动的流程。

（4）制度精神文化景观中，语言、手工技艺与宗族信仰变化较小。基于调研总体数据的分析，黄姚古镇的语言变化、手工技艺和宗族信仰地变化都处于较小的变化范围。古镇的语言系统演变较小（M=2.649），但对于各街区而言，金德街（M=3.353）＞安乐街（M=3.201）＞迎秀街（M=3.078）。这说明旅游开发之后，与游客接触更多的商业街区居民其语言演变程度较大，因为他们必须借助普通话与外地游客进行交流，甚至会一些简单的英文。而处于生活区的居民，一是年长者较多，二是因为和游客交流对话的时间比较少，所以语言文化景观的演变程度较小。从数据分析来看，手工技艺存在一定的演变，而各街区之间没有显著差异。调研发现，由于长期以来的传承断层以及社会经济与现代技术的发展，很多传统技艺已经消失在人们的视野中。虽然“旅游发展促进会”提供了一个场所和平台给年长者恢复传统技艺，但是力度有限，且缺乏中青年的参与也是其面临的问题。同样，宗族信仰及其维系方面，各宗族每年都有祭祖活动，而且也越来越重视，宗亲内的喜事都会在宗祠内与亲朋好友欢聚庆祝，意识形态层面的信仰具有很强的稳定性，使其演变程度较小。

表4-10　黄姚古镇与各街区人口景观及制度精神景观演变分析

项目		x17	x18	x19	x20	x26	x27	x28	x29
黄姚古镇	均值	3.143	3.723	3.201	2.906	2.649	2.853	2.143	3.546
	标准差	0.733	0.912	1.052	1.213	0.912	0.258	1.099	0.770
迎秀街	均值	3.611	3.778	3.111	3.000	3.078	2.919	1.556	3.433
	标准差	0.361	0.944	0.861	1.250	0.944	0.611	0.778	0.750
天然街	均值	3.158	3.808	3.328	2.577	1.633	2.881	2.133	3.875
	标准差	0.433	0.561	0.398	0.761	0.872	0.631	0.209	0.401
金德街	均值	3.512	3.471	2.896	3.382	3.353	2.824	1.941	3.647
	标准差	0.632	0.390	1.096	0.985	0.993	1.404	0.434	0.993
安乐街	均值	3.353	3.833	2.901	3.067	3.201	2.967	1.890	3.501
	标准差	0.167	1.167	1.200	1.867	0.400	0.267	0.019	0.700
鲤鱼街	均值	3.183	3.204	3.107	3.219	2.976	3.109	2.203	3.219
	标准差	0.289	0.672	0.476	0.573	0.563	0.397	521	0.671
中兴街	均值	2.507	4.067	3.502	2.967	2.733	2.867	2.903	3.733
	标准差	0.103	0.967	0.400	0.567	0.267	0.367	0.407	0.567

续表

项目		x17	x18	x19	x20	x26	x27	x28	x29
龙畔街	均值	2.677	3.892	3.562	2.132	1.567	3.007	2.377	3.413
	标准差	0.451	0.533	0.234	0.339	0.561	0.466	0.341	0.543

备注：×17 古镇人口总数变动程度；×18 古镇人口的季节性变化；×19 古镇外出打工人员总数变化；×20 古镇参与旅游工作人数变化；×26 当地语言结构的变化；×27 传统手工技艺的变化；×28 宗族信仰与维系的变化；×29 节庆表演内容和仪式的变化。

4. 黄姚古镇生活景观演变分析

（1）黄姚古镇生活景观演变最明显的是古镇居民的出行方式。古镇居民的出行交通方式（M=3.215）发生了一定的变化，这主要得益于旅游开发之后，政府加强了对黄姚古镇交通设施的改善。外部交通层面，完善了古镇附近的公路设施，同时也增加了途经黄姚古镇的过往班车次数；内部交通层面，修缮了各街区的交通要道，新建了连接新街公路的桥梁，使中兴街、龙畔街、金德街、天然街对外出行的便捷性有了很大改善。交通的完善一定程度上改进了人们的出行方式，交通的改善使黄姚古镇的居民沿古镇附近修建了较多的新式楼房。各街区居民对交通方式的演变感知普遍在3.000以上，内部的差异性较小。

（2）黄姚古镇生活气息发生了一定程度的变化。数据显示，古镇居民原有的生活气息发生了一定程度的演变（M=3.112），对比各街区发现，安乐街（M=3.767）＞金德街（M=3.594）＞迎秀街（M=3.221）＞鲤鱼街（M=3.213）。以上信息说明，在商业街区，古镇的生活气息变化较大。经调研发现，这些商业街区中的店铺大多被外地人租赁，同时一部分本地人经营的商店也是白天开店，晚上则回到新街居住。即商业街区白天人流涌动，但是夜晚很多店铺都无人居住，变动较大。生活街区主要居住着一些年纪较大的居民，生活气息变化较小。夜幕下的古镇各街区灯火通明，这一实景源于景区统一为各街道安置的红色灯笼，统一供电照明，打造表面上的“夜景繁华”。实际上，置身其中难以感受到真实的、浓厚的生活气息，只有生活区特别是一些巷道内才能体会到真实的生活夜景。同样，古镇生活景观中，街道和石板路的演变与古镇生活气息呈现有很大的相关性。对于黄姚古镇而言，街道和石板路本来就是居民日常生活的重要载体。因此，生活气息演变程度大的街区，其街道和石板路景观演变也较大，而生活区这一景观的演变程度则较小。

（3）古镇生活景观中地方服饰的演变最小。黄姚古镇居民服饰（M=1.601）

演变程度较小，各街区之间也不存在显著的差异。这主要是因为黄姚古镇以汉族为主，地方传统服饰特色不鲜明。随着社会经济发展和审美观念的变化，其服饰并没有在旅游发展之后表现出较大的变化。同时，古镇的饮食结构和种类的变化程度（M=2.116）也较小，各街区之间不存在显著差异。旅游开发之后，黄姚古镇的餐馆几乎全由当地人经营，传统的特色菜肴得以延续，居民日常生活中常出现的豆豉等佐料也都出现在农家餐馆之中，外来的菜系没有对居民的日常饮食产生显著影响。因此，古镇居民的饮食结构和种类表现出较小的变化。

表4-11 黄姚古镇生活景观演变分析

项目		x21	x22	x23	x24	x25
黄姚古镇	均值	2.166	1.601	3.215	3.029	3.112
	标准差	0.933	0.383	1.847	0.783	0.912
迎秀街	均值	2.202	1.778	3.178	3.321	3.221
	标准差	0.694	0.394	1.944	0.250	0.444
天然街	均值	2.421	1.134	2.901	2.672	2.761
	标准差	0.452	0.207	0.403	0.319	0.417
金德街	均值	2.529	1.706	3.471	3.476	3.594
	标准差	0.890	0.596	0.640	0.279	1.096
安乐街	均值	1.893	1.333	3.233	3.520	3.767
	标准差	0.471	0.267	0.567	0.123	0.167
鲤鱼街	均值	2.387	1.795	3.301	2.431	3.213
	标准差	0.621	0.549	0.431	0.421	0.721
中兴街	均值	1.967	1.667	3.321	3.167	2.907
	标准差	0.267	0.267	0.200	0.567	0.567
龙畔街	均值	1.762	1.796	3.102	2.613	2.319
	标准差	0.517	0.471	0.631	0.721	0.241

备注：×21 饮食结构和种类的变化；×22 地方服饰的变化；×23 出行交通方式的变化；×24 街道设施和石板路的变化；×25 古镇生活气息的变化。

（四）黄姚古镇文化景观演变特征分析

通过分析旅游背景下黄姚古镇总体与各街区文化景观演变的程度，结合古镇文化景观演变前后的实际情况，进一步梳理出黄姚古镇文化景观演变的特征和发展态势，为后续研究提供指导。

1. 新式景观要素不断出现，增强了景观的异质性

新式景观元素的出现是景观演变中常见的变化，由于这些新出现的景观元素往往不是根植于地域文化，因此其出现之后与原本的景观基质形成反差明显的镶嵌格局，使景观的整体面貌表现出较强的景观异质性。对于黄姚古镇而言，文化景观的异质性比较明显，主要体现在：现代桥梁的修建与古镇石桥形成强烈对比；新式廊亭的出现与周边祠堂和屋舍差异显著，增强了景观元素的多样性；观光和采摘农业等新型农业生产模式改变了原有农业景观的单一格局；相关旅游配套设施的修建使古镇的文化景观类型更加丰富。这些新型景观元素的出现使黄姚古镇文化景观格局发生了变化，进一步增强了景观的异质性。

2. 现代景观呈包围式、斑块式发展，加剧了景观的破碎化

在城镇化和旅游业不断发展的促进下，黄姚古镇的社会经济得到了快速发展，现代化的冲击对古镇文化景观产生了重要影响。实地调研发现，旅游开发后黄姚古镇出现了大量的新型建筑，这些建筑的分布具有明显的规律性，即呈现边缘化和包围式的发展态势，并且在古镇内部的交接地带出现斑块状分布。具体而言，当前黄姚古镇的新式楼房主要集中在中兴街一带，因为新修的利民桥通达性强，使建筑材料可以直接运送到内部。另一相对集中的区域是黄姚新街一带，由于安乐街、金德街、迎秀街以及天然街的外围都靠近新街，交通的便利性使得这些街区的外围出现了一条新式楼房带。此外，龙畔街也依托外围的交通优势修建了数座新式楼房，并且拓展到了对面的街巷。在天然街与金德街街巷内部则出现了新修建的廊亭和观光水塘，鲤鱼街附近新修建的休闲小广场等则呈现斑块式格局。现代景观的包围式和斑块式发展加剧了黄姚古镇文化景观的破碎化，严重影响了古镇景观的整体格局。

3. 商业景观的中心积聚与街巷内部拓展改变了景观的时空特性

近年来，黄姚古镇的商业化现象日趋严重，传统商业街道也再次繁荣发展。在旅游发展的刺激下，黄姚古镇的旅游商业分布在原有商业格局的基础上出现了一定程度的演变。一方面，古镇依托金德街核心街区向安乐街和迎秀街

扩散，形成了中心轴带积聚的新格局；另一方面，主体街区的街巷内部开始分布着一些旅游客栈、农家乐餐馆以及一些小商品店，逐步由中心轴向周围街巷扩散发展。由于旅游商业发展与传统民居之间使用和改造力度的差异，古镇的文化景观也因此显现出景观的差异性和不均衡性，特别是街巷内部的商业景观多以斑块状形式出现，与周边的生活区民居建筑反差强烈。这直接造成了黄姚古镇文化景观的时空差异性更加显著。

4. 传统文化基底蜕化与景观孤岛改变了景观的整体意象

旅游开发之前，黄姚古镇的文化景观是以传统地域文化为根基，与古镇的整体意象一脉相承。随着旅游开发和社会经济的发展，古镇新式文化景观元素开始涌现，传统文化景观在失去传承与规范管理的情况下开始变质，文化基底已发生蜕变，主要表现为民居内部结构的随意改造，对传统文化的忽视等。同时，现代文化的进入和传统文化的渐弱使黄姚古镇文化景观的异质性增强，包围式和斑块式的现代景观交错于古镇之中，将古镇的整体环境分割成不同的区域，使古镇文化景观丧失了完整性，逐渐成为“景观孤岛”。这也使黄姚古镇文化的原真性发生了变化，进而使整体文化意象也被打破。

5. 居民的边缘化分布导致古镇主体空心化

居民是文化的创造者和传承者，同时也是使文化富有生机活力的主体。在旅游开发的背景下，黄姚古镇逐渐被外界熟知，一方面，旅游商机吸引了来自各地的旅游经营者进驻黄姚，改变了古镇的人口成分；另一方面，政府出于保护古镇的需要，实施的安居工程使一部分的居民搬离了古镇；同时大量的中青年劳动力外出务工致使只有少数老幼群体生活在古镇之中。当前黄姚古镇的商业街区已分布着大量的外地人，本地人经营的商店也多在古镇外的新街，只有街巷边沿和生活街区的街巷有一些当地人居住。古镇居民呈现出向古镇边缘地带集中的态势，古镇本土气息的空心化现象严重，原有的传统文化特征逐步淡化甚至消失殆尽。

6. 节庆习俗景观呈现创新性与规模扩大化发展趋势

由于节庆习俗具有较强的仪式性和吸引力，因此往往成为媒体宣传和吸引游客的重要载体。调研发现，黄姚古镇的传统节庆习俗演变程度较大，以古镇“旅游发展促进会”为例，当地老人在这一平台上创新了当地舞鱼龙的节庆产品，使节庆活动更加丰富多彩。旅游公司为了吸引游客，增加人力、物力、财力举办大型的河灯节；借助古戏台这一重要文化剧场，在节庆之日举办一系列的民俗活动等，使黄姚古镇的节庆习俗呈现出创新性和规模扩大化的发展局面。据当地居民介绍，现在古镇“旅游发展促进会”经常组织居民演练地方戏曲；景区为了宣传造势常常举办一些传统活动，如对联比赛、斗酒比赛等。活动举办过程中，一般都由景区和政府提供资金支持，“旅游发展促进会”负责协调与沟通，传统节庆习俗得到了较好的恢复与发展。

三、黄姚古镇文化景观演变因素与内在机理分析

在分析黄姚古镇文化景观演变的程度以及各街区之间差异性的基础上，进一步研究引发古镇文化景观演变的因素至关重要，即探索黄姚古镇文化景观演变的驱动因素。在问卷调研与实地访谈的基础上，将居民所感知的文化景观演变驱动因素进行数据分析，梳理出影响黄姚古镇文化景观演变的主体因素，同时根据黄姚古镇文化景观演变的具体表现和特征构建文化景观演变的内在机理。

（一）黄姚古镇文化景观驱动因素分析

黄姚古镇在清中期达到繁荣鼎盛，民国之后由于内外因素的影响使其发展逐渐减缓，原本的商业小镇逐渐没落，在20世纪90年代因为新街的修建和新农贸市场的建立使古镇传统商业街也演变成以生活居住为主的区域，这一时期古镇一度成为日常生活小镇。随着旅游业的出现与发展，黄姚古镇迎来了新的发展机遇，在旅游业的影响下，古镇物质文化景观与非物质文化景观发生了不同程度的演变，而探究驱使文化景观演变的相关因素变得至关重要。明确文化景观演变的驱动因素有利于构建其内在机理，对实现古镇文化景观保护和旅游协同可持续发展具有重要作用。通过实地调研与问卷数据分析，将黄姚古镇文化景观演变的驱动因素分为以下几个方面。

问卷设计将黄姚古镇文化景观演变的驱动因素概括为8点，主要是：旅游开发、社会经济发展、景区管理与政策条例、游客行为、文化观念变化、生产生活方式变化、人口总量与结构变化、技术因素。通过分析这8点驱动要素的样本均值和方差，定量比较各驱动因素对古镇文化景观的影响，同时对各街区进行对比分析，并在此基础上结合黄姚古镇文化景观不同类别的演变，全面剖析这8点驱动因素对古镇文化景观的影响。

从表4-12的数据可以发现，黄姚古镇文化景观的驱动因素中对其影响最

大的是景区管理与政策条例（M=4.074），即说明景区管理与决策在很大程度上驱动着古镇文化景观的演变；而相应旅游开发（M=3.965）、社会经济发展（M=3.807）、生产生活方式变化（M=3.531）的均值都大于3.500，说明这3点驱动因素对古镇文化景观演变较大；文化观念变化（M=3.453）、人口总数与结构变化（M=3.318）以及技术因素（M=3.400）则高于一般程度水平；只有游客行为（M=2.447）均值最小，说明游客行为对古镇文化景观演变的影响程度较小。

表4-12　　黄姚古镇文化景观驱动因素分析

项目		旅游开发	社会经济发展	景区管理与政策条例	游客行为	文化观念变化	生产生活方式变化	人口总量与结构变化	技术因素
黄姚古镇	均值	3.965	3.807	4.074	2.447	3.453	3.531	3.318	3.400
	标准差	0.861	0.885	0.695	1.133	0.718	1.056	0.761	0.904
迎秀街	均值	4.233	3.443	4.113	2.778	3.729	3.467	3.402	3.444
	标准差	0.5	0.707	0.866	0.972	0.707	0.504	0.667	0.726
天然街	均值	3.813	3.819	4.218	2.014	3.363	3.403	3.107	3.512
	标准差	0.701	0.615	0.517	1.03	0.348	0.614	0.317	0.534
金德街	均值	4.155	3.773	4.032	2.705	3.466	3.556	3.456	3.296
	标准差	0.861	0.886	0.695	1.136	0.718	1.056	0.761	0.905
安乐街	均值	4.067	3.703	3.905	2.917	3.503	3.433	3.417	3.333
	标准差	0.937	0.603	0.457	0.515	0.651	0.779	0.515	0.651
鲤鱼街	均值	3.774	3.845	4.322	2.851	3.412	3.581	3.275	3.412
	标准差	0.374	0.306	0.562	0.419	0.516	0.494	0.605	0.701
中兴街	均值	4.167	3.815	4.133	2.167	3.467	3.667	3.471	3.307
	标准差	0.753	0.894	0.408	0.983	0.516	0.817	1.049	0.817
龙畔街	均值	3.543	4.254	3.793	1.694	3.231	3.609	3.103	3.471
	标准差	0.543	0.495	0.382	0.738	0.406	0.608	1.109	0.517

从各街区来看，旅游开发对文化景观演变的程度上，金德街等商业街的程度要高于天然街等生活街区；社会经济发展中，影响的差异程度较小，总的来说居民感知生活街区略高于商业街区；但景区管理和政策条例方面，生活街区和商

业街区各有大小不同的均值数值，这主要取决于景区和政府在各街区的征地、管理力度等方面的程度不同；文化观念变化上和人口总数与结构变化，总体来说表现为安乐街等商业街区的影响程度要略高于其他几个生活街区；而生产生活方式变化和技术因素在街区中的影响程度差异则不太明显。此外，影响程度最小的游客行为则表现为游客分布较集中的商业街区的影响程度要高于生活街区。

从上述数据分析可以发现，黄姚古镇文化景观演变的各因素对其影响程度不同，对各街区的影响也存在一定差异，而进一步分析这8点驱动因素是如何影响文化景观的演变则显得更为重要。因此，基于上述驱动因素，深入解读黄姚古镇文化景观演变的过程具有重要意义。这有利于梳理出文化景观演变因素的系统脉络，对构建景观演变的内在机理具有重要作用。对影响黄姚古镇文化景观演变的8点驱动因素的系统解读如下：

1. 社会经济发展对黄姚古镇文化景观演变的影响

自改革开放之后，中国经济一直处于较稳定增长的局面，特别是进入新世纪以来，整个国民经济呈现较快发展的态势。经济的良性运行促进了社会经济发展格局的优化，完善了偏远地区的基础设施，提高了居民的人均收入和生活水平。正是由于现代经济的发展，才使保留较多传统地域文化的黄姚古镇面临着突出的文化景观演变问题，具体来说主要体现在以下几个方面：

（1）经济发展格局对黄姚古镇文化景观演变的影响。现代经济的快速发展加速了新型城镇化的建设，传统的经济发展方式和发展格局被现代新型发展格局打破。一方面，传统的土地利用方式发生了变化，使新型景观元素不断出现并改变了原有的景观格局；另一方面，现代化的发展改变了产业间的结构比例和发展方式，黄姚古镇的社会经济发展无疑也受到区域大环境的影响，其文化景观也必然在现代化发展的浪潮下发生改变。

（2）完善的基础设施对黄姚古镇文化景观演变的影响。对于黄姚古镇而言，现代化基础设施的完善对其文化景观演变有着重要的作用。结合当前黄姚古镇文化景观演变的基本事实可以发现，良好的交通通达性使建筑材料得以方便进入古镇内部，因此在交通条件的优势地带（特别是外围区）景观演变程度最强。此外，通信与传媒设施、新型农贸市场、教育、医疗卫生等基础设施的完善也从不同层面影响着黄姚古镇的发展，进而使古镇的文化景观面临不同程度的演变。

（3）收入和生活水平的提升对黄姚古镇文化景观演变的影响。随着旅游开发的逐步深入，部分黄姚古镇居民借助旅游发展从事相关行业获得了较高的收益，同时剩余劳动力的转移也提高了居民的家庭收入。在收入和生活水平提高的情况下，部分居民开始对原本破旧、坍塌的房屋进行重建，或是对古民居进行改造和翻新，或是搬离古镇等，这些方式都对文化景观演变产生了不同程度的影响。

2. 旅游开发对黄姚古镇文化景观演变的影响

旅游开发与发展虽然也可将其纳入社会经济发展的范畴，但考虑到旅游业对黄姚古镇文化景观演变的重要性，将其单独进行分析。在旅游开发的背景下，黄姚古镇迎来了新的发展契机，而古镇的文化景观也面临着保护与发展难以协调的困境。一方面，古镇的文化景观遗产是旅游发展的最大吸引力，古民居、古亭桥、古街道、古树、古宗祠、传统节庆习俗等都是黄姚古镇吸引游客的主要元素，这些景观元素具有不可再生性和难修复性，所以对其进行有效保护至关重要。另一方面，因为旅游开发和发展的需要，必不可少的会对文化景观进行改造，而追求经济效益的行为以及迎合游客的各种需要也使景观保护面临着现实困境。具体而言，在旅游开发的过程中，景区为了吸引游客对民居壁画和雕塑进行了改造；将吴氏宗祠前的水塘改建了新的廊亭；对三星桥、护龙桥增加了钢管护栏；新修了利民桥和锁龙桥等现代化的基础设施；出资、出力扶持传统节庆活动等，都对黄姚古镇的文化景观演变产生了重要影响。

3. 景区管理与政策对黄姚古镇文化景观演变的影响

在对古镇的管理过程中，黄姚古镇风景名胜区管理局根据其职责对古镇进行管理。从调研资料发现，管理局依法对古镇内的项目规划建设、土地、资源、环境保护、商业选点、治安、基础设施修建等进行管理和监督。但是，在实际的执行过程中，诸多的管理措施和条例难以发挥作用，一方面是管理者制定的规章制度往往是单方面条例，没有参考和吸纳居民的意见和建议；另一方面，在利益纠纷上存在的征地钱款问题、安居工程问题、拆建和修复房屋问题、门票分成问题等都使居民和管理局之间分歧和矛盾不断。因此，管理局的保护和措施难以执行、居民追求自身经济利益而不顾及文化遗产的保护等使黄姚古镇文化景观遗产面临保护与发展难以协调的现实困境。总之，景区管理与政策虽然有明确的职责和相关条例，但都难以取得实质成效，随着居民与管理部门矛盾的不断加深，古镇的文化景观也面临着不断被侵蚀的境地。

4. 游客行为对黄姚古镇文化景观演变的影响

随着黄姚古镇旅游知名度的不断提升，越来越多的游客选择到黄姚古镇游览参观，这直接促进了古镇旅游业的繁荣发展，更进一步带动了古镇客栈、农家餐馆、旅游商店以及旅游土特产的发展。据访谈资料分析，游客的进入使古镇在近两三年内增加了不少客栈，而金德街等主要街巷旅游商店的增加也使古镇的商业景观发生了变化，这对古镇的总体内部格局产生了一定的影响。同时，随着游客的增加，地方美食也得以传承发展，黄姚古镇豆豉所制作成的辣椒酱由原来的干豆豉和原味辣椒酱豆豉发展演变为当前十几种不同风味类型的豆豉辣椒酱。此外，为了吸引游客，地方的部分传统文化得以传承和发扬，如河灯节规模的扩大，鱼龙节产品样式的创新等。总体而言，由于游客的增加以及消费需求与偏好等原因，黄姚古镇的商业景观、街道景观、饮食景观、节庆习俗等文化景观都发生了不同程度的演变。

5. 文化观念变化对黄姚古镇文化景观演变的影响

随着旅游业的发展，黄姚古镇与外界的交流也随之增强，游客的进入带来新的伦理观念、消费习惯和审美标准等，这些现代化元素在潜移默化中影响着古镇居民的观念和态度。就古镇居民的价值观念来说，旅游开发之后，黄姚古镇原本相对封闭的状态被打破，在不断的交流和耳濡目染之中，居民的传统文化价值观念发生了不同程度的变化，其审美观念也逐渐趋向现代化元素，对时尚、舒适、方便、快捷等元素有了更多的认知和对比，而对消费观念的认知也逐渐改变了其传统的朴素思想。在传统文化观念变化的情况下，黄姚古镇居民越来越被现实元素感染，其消费方式、审美观念等也越来越显现着现代元素的烙印，这主要体现在民居装饰与风格、内部结构、家庭基本设备、服饰以及传统节庆习俗等方面。

6. 生产生活方式变化对黄姚古镇文化景观演变的影响

文化景观与地方传统生产生活方式密切相关，因此生产生活方式的变化必然会对地域文化景观演变产生重要影响。在信息和文化传播快速发展以及文化交流的作用下，黄姚古镇居民的生产生活方式发生了一定程度的变化，主要体现在以下几个方面：首先，居民的居住方式和相关设施发生了重大改变，一部分居民在原址上新建房屋，与原始古民居形成了鲜明对比。大部分的居民虽然居住在传统民居中，但是现代化的设备给他们的日常生活提供了很大的便利，这些都直接改变了传统民居的内外部形态。其次，黄姚古镇形成了独特的旅游商业形态，旅游休闲方式、审美观念和消费方式等不仅改变了传统的商业景观和基本格局，也影响了居民的生活方式。

7. 人口总量与结构变化对黄姚古镇文化景观演变的影响

黄姚古镇人口数量表现在本地居民的外迁、旅游经营者的进入以及古镇人口的空间分布等方面。随着旅游开发的不断深入，黄姚古镇风景名胜区管理局出于保护古镇文化景观遗产的需要提出的安居工程使部分居民迁出古镇，从而导致部分房屋闲置，也影响了古镇的生活气息。外来旅游经营者的进入不仅繁荣了古镇的旅游经济，同时也改变了古镇的人口构成和空间分布，整个黄姚古镇呈现出商业街区外来人口集聚与生活街区本地人口聚集的差异对比。

8. 技术因素对黄姚古镇文化景观演变的影响

随着现代科技的发展，先进的技术通过不同的方式改变着人们的生活，并推动着人类社会向前发展。对黄姚古镇来说，技术因素主要表现在现代化设备对居民生活的改善，但是这些现代化设备与古镇文化景观的整体协调性大相径庭，严重影响了景观的审美性和文化内涵性。同时，技术因素对古镇民居的内部装修也产生了重要影响，一方面，科学技术使民居建筑更加牢固与安全，另一方面也使整个民居的文化元素被破坏。调研过程中发现的中兴街直楼改造便是如此，虽保护了房屋的外形，但是内部已经面目全非。总体而言，在技术因素的影响下，黄姚古镇的文化景观发生了一定程度的演变。

（二）黄姚古镇文化景观演变驱动机理研究

黄姚古镇文化景观的演变是多种内外因素作用的结果，探讨旅游发展背景下黄姚古镇文化景观演变有助于实现旅游发展与文化遗产保护的协调统一。总体而言，社会经济发展是导致文化景观演变的持续动力，任何地域文化景观的演变都与社会经济发展有着密切的联系。而对于重点依托旅游发展的黄姚古镇来说，旅游开发与发展则是经济社会发展中最重要的推动力。在旅游发展背景下的整体社会经济环境中，旅游发展重新恢复了古镇的商业景观，诸多旅游商店、客栈、农家餐馆在古镇主体街道兴起，传统民居、街道、亭桥、宗祠、民俗等都融入旅游业并转变成吸引物供游客游览参观。一方面，旅游业的发展使黄姚古镇的民居建筑得以保存，但是在旅游体验、游客消费、旅游经济效益等因素的作用下，对民居改造、基础设施完善、新型景观要素增加等物质文化景观的演变不可避免；另一方面，旅游过程中的文化传播、外界生活方式、消费观念、审美情趣的交流碰撞也不可避免地对古镇的传统文化内涵、居民道德观念、生活方式等产生影响。也就是说，黄姚古镇文化景观演变受制于整体的社会经济大环境，但诸多因素中旅游业发展是最重要的推动力，且内外因素都直接或间接地与旅游发展相关。构成黄姚古镇文化景观演变的影响因素系统如图4–1所示：

1. 社会经济发展是黄姚古镇文化景观演变的持续动力

社会经济发展范畴广泛，对于黄姚古镇而言，主要是通过规划设计和发展战略影响土地利用方式、基础设施、保护手段等使古镇的文化景观发生演变；同时，整体社会经济环境背景下的闲置劳动力转移和收入的增加使古镇居民拥有追

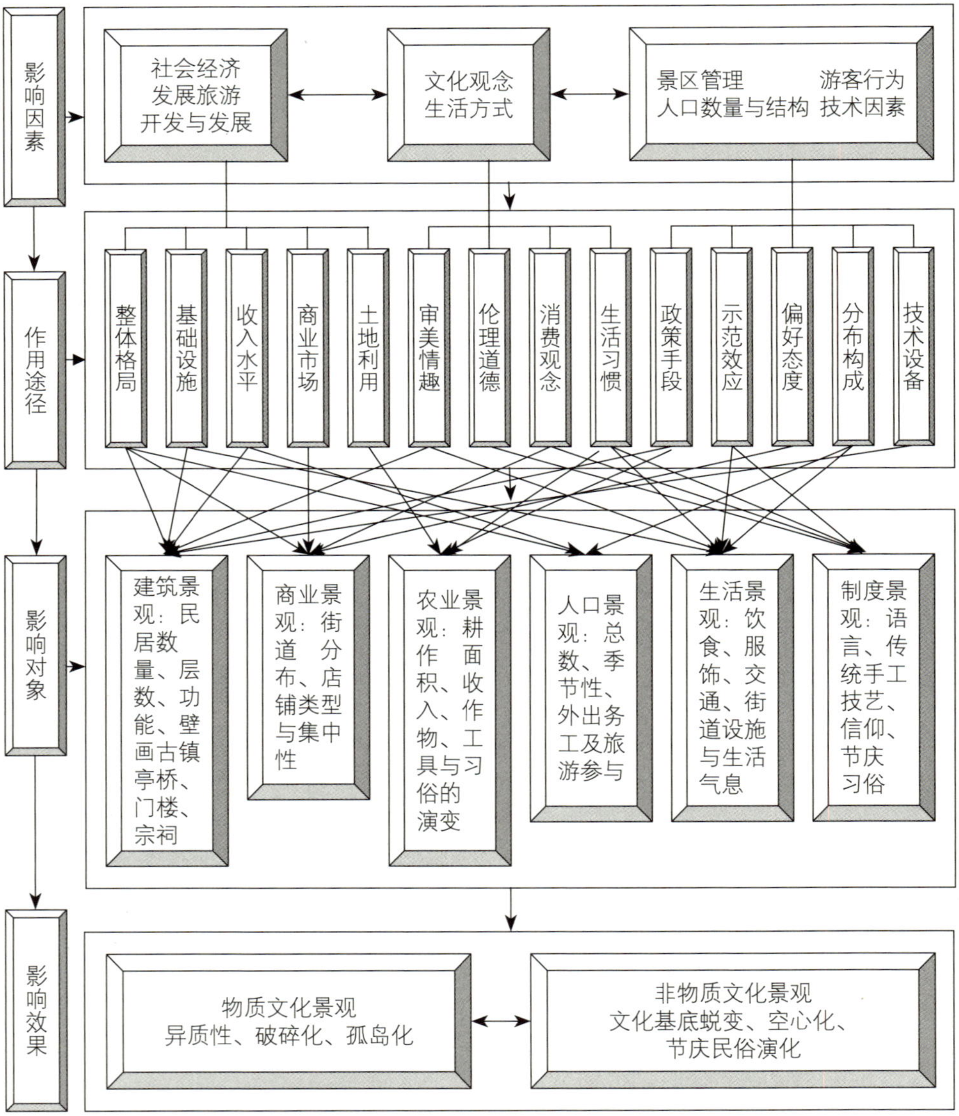

图4–1 黄姚古镇文化景观演变内在机制

求较好物质生活和现代化设施的条件，这直接导致了部分居民特别是处于交通优势地带的居民新建了较多的房屋。整个古镇民居的内部装饰和现代化设备也都有所增加，最终导致黄姚古镇文化景观的破碎化、孤岛化和景观异质性。

2. 旅游开发和发展是黄姚古镇文化景观演变的加速力

在旅游开发之前，黄姚古镇文化景观处于社会经济发展中自然演变的过程之下，旅游开发之后，黄姚古镇迎来了新的发展机遇，古镇再次恢复了生机。在旅游开发和发展过程中，金德街等主要旅游商业街道是古镇游客数量最集中的区域，客栈、特产店、农家餐馆等陆续开放，这使民居建筑的内部改造和相关部件发生了不同程度的变化。吴氏宗祠前的廊亭也是为了增加景观吸引力而新建的，这进一步破坏了整个古镇景观的完整性。此外，一些基础设施的增设也与旅游发展密切相关。

3. 游客行为是文化景观演变的重要推动力

大量游客的到来繁荣了黄姚古镇，也在一定程度上也推动了古镇文化景观演变，主要体现在游客的消费观念、偏好和伦理观念等方面。这些潜在的因素助推了古镇生活景观演变、特色饮食的多元化和居民观念的演变。同样，人口数量和结构及技术因素也是文化景观演变的重要推动力。人口数量和结构改变了古镇的人口分布与构成，使古镇部分民居闲置，导致了古镇生活气息空心化，外来经营者的进入和集中聚集不仅使建筑景观发生了演变，同时也使古镇的空间形态有所差异。技术因素则在各类设施设备方面强化了古镇文化景观的异质性。

4. 景区管理是文化景观演变的保障力

黄姚古镇风景名胜区管理局根据规章制度和相关条例对古镇文化景观进行保护和修缮，虽然在执行过程中难免存在不足，但总的来说，对古镇文化景观的保护、防止文化遗产被过度破坏具有较大的作用，是黄姚古镇文化景观演变的保障力。

5. 文化观念和生产生活方式是黄姚古镇文化景观演变的内在动力

一切文化景观都是根植于地域文化，并深受文化传承者的影响。在现代化进程和旅游发展的背景下，黄姚古镇的传统文化与外来现代文化交流融合发生演变，这些外在因素直接影响着古镇的传统文化和日常生产生活状态，触动了黄姚古镇的文化根基，使居民的人生观、价值观、审美观、消费观等发生改变。这些改变主要体现在居民对房屋的改造和修缮、对节庆民俗的信仰、对古镇的地方依恋、对生产生活方式的变更等诸多方面，所以说文化观念和生活方式的变化是推动黄姚古镇文化景观演变的内在动力。

基于黄姚古镇文化景观演变的影响因素系统结构，进一步梳理出古镇文化景观演变的内在机理，全面深入地剖析驱动文化景观演变的影响因素、作用途径和最终的影响效果，直观反映黄姚古镇文化景观演变的内部过程。从图4-2中可以发现，黄姚古镇文化景观演变主要受社会经济发展、旅游开发与发展等八种因素的影响，不同类型的影响因素通过不同的方式作用于文化景观，促使文化景观发生不同程度的演变，最终概括总结为黄姚古镇文化景观演变的六大类别。不同的文化景观类别往往受各种影响因素的综合作用而形成，这也说明文化景观演变是由多种因素交叉而成的。

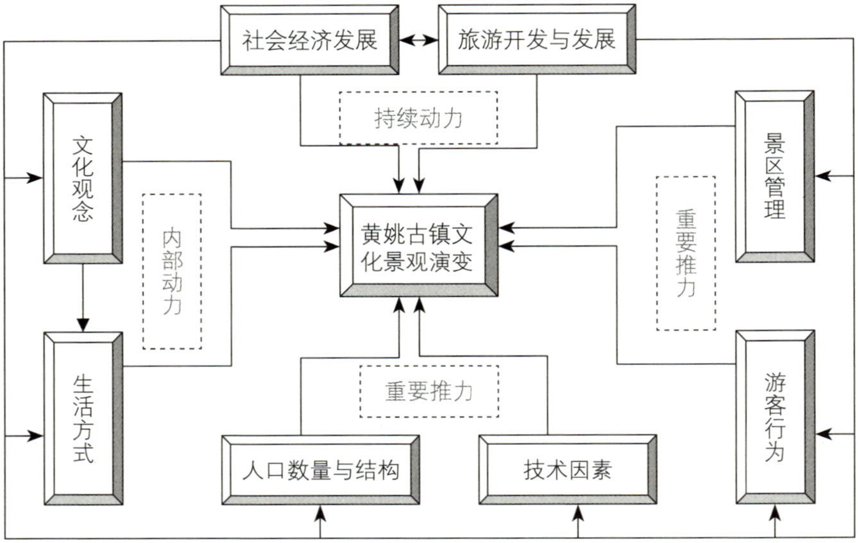

图4-2　黄姚古镇文化景观演变影响因素系统结构

第五章

黄姚古镇民宿

第一节　古镇民宿的时空分布

民宿，是民宿主人利用当地闲置民居，为游客提供体验旅游地人文、自然、生活氛围的小型住宿设施。民宿也是民宿主人设计理念的载体。民宿的兴起，是对当今城市“千城一面”的反叛，正在不断唤醒着每一代人对纯粹温情、自由洒脱、天人合一的中华民族精神家园的回忆。2017年，中国民宿行业进入了高速发展阶段，民宿数量达数十万家，已成为重要的住宿产品。

民宿有着依赖旅游资源的特性，因此多分布于旅游目的地内。黄姚古镇凭借其古榕怪石、闲适安逸的生活方式、独特的民俗文化，成为近几年热门的旅游目的地。在此影响下，古镇内民宿数量激增、发展变化速度快。据统计，2019年春节期间，黄姚古镇共接待游客30万人次，同比增长9.33%，黄姚古镇民宿入住率约82.74%，创历史新高。

20世纪90年代末期，贺州市昭平县政府决定对当时是广西贫困乡镇之一的黄姚古镇进行旅游开发，尝试通过旅游带动黄姚古镇文化和经济的整体发展。通过30年的不断努力，黄姚古镇凭借青山绿水、古木怪石等丰富的自然旅游资源，300多间完整的明清建筑、展现桂东居民生活史的牌匾石刻，以及三月三山歌节、七月七取水节、七月十四柚子灯节等丰富的民俗节日，于2007年被国家文物局列为第三批“中国历史文化名镇”。随后2009年，被国家旅游局（现为“中华人民共和国文化和旅游部”）批准升级为国家4A级景区。截至2018年，已荣获“中国最美的十大古镇”“广西第一批特色文化型名镇名村”“中国最值得外国人去的50个地方”“年度魅力小镇”等称号，成为游客体验中国传统田园文化和古镇生活的理想旅游目的地。旅游业的发展也带动了“食、住、行、游、购、娱”行业的兴旺，尤其是民宿行业。许多游客认为来黄姚古镇游玩，一定要入住民宿体验氛围，欣赏黄姚古镇的晨与夜才不虚此行。据统计，2018年黄姚古镇景区累积接待游客同比增长26.27%，民宿入住率比2017年同期增长3.55%。2019年春节黄金周期间，黄姚古镇累积接待游客15万人次，民宿客房出租率约81%，创下历史新高。应需而生，黄姚古镇民宿数量从2003年的5家发展为如今的140多家，占全县民宿数量80%。黄姚古镇民宿正在经历着从无到有，从有到优，从优到精的过程。

一、黄姚古镇民宿时空迁移历程

（一）时间段划分

2003年，黄姚古镇出现第一家民宿，2016年开始数量大量增加。因此按照黄姚古镇民宿自然发展时序选取2003年末、2015年末、2018年末3个时间维度，以古镇内140家民宿为研究样本，采用实地调研和文献阅读等方法，从民宿的总体时空演化、微观时空演变特征分析其发展方向和趋势。

（二）民宿的总体时空迁移历程

总体时空迁移历程以黄姚古镇的8条街道为研究对象，对同街道不同时段、不同街道同时段新开业的民宿数量进行对比分析，得出黄姚古镇民宿的总体时空布局变化过程。

如表5–1所示，黄姚古镇各街道不同时段新增民宿数量表明，黄姚古镇民宿的数量呈快速增长状态。金德街、黄姚新街、中兴街、迎秀街、安乐街、龙畔街、天然街、鲤鱼街的民宿数量分别占总体民宿数量的18.57%、17.85%、15.71%、15%、13.57%、10.71%、7.14%、1.43%。其中金德街自2003年以来一直是古镇民宿数量最多的街道，黄姚新街新增民宿数量占全古镇新增民宿数量（2016年至2018年末）的37.2%，新增民宿主要分布在古镇商业街道、风景优美之地及主要交通要道上。

表5–1 黄姚古镇各街道不同时段的开业民宿数量

街道	总数	2004年以前	2004—2015年	2016—2018年
金德街	28	2	16	10
黄姚新街	25	0	5	20
迎秀街	23	2	12	9
中兴街	22	0	8	14
安乐街	20	1	10	9
龙畔街	15	0	10	5
天然街	10	0	2	8
鲤鱼街	2	0	2	0

调查结果显示：2003年末，古镇开始有民宿营业，黄姚古镇民宿业步入“萌芽”阶段，这个时期数量较少，合计共5家，新增的民宿分别位于金德街、迎秀街、安乐街。这些街道都属于古镇的主街道，能直达带龙桥、龙爪榕等景点，属于游客游古镇必经的路段，店家也方便同时经营售卖土特产品或经营农家乐。

2004—2006年，古镇加强自然景点、人文景点和旅游环境的开发建设，使旅游资源尽快变成旅游产品，同时抓紧住宿、饭店的建设，以满足游客的食宿要求。2015年，黄姚古镇完成了黄姚新街居民房屋外围改造工程、游客服务中心及游览专用道路工程、黄姚古镇创5A级景区优化改造工程等多个项目，推动了黄姚古镇旅游业的快速发展。随着黄姚知名度不断提高、旅游人次的增加，民宿数量进入快速激增阶段，如图5-1所示，无论是核心景区内的7条街道，还是外围的黄姚新街，都有至少2家，最高多达16家民宿开业，龙畔街、金德街、迎秀街、安乐街四条主街道，新增民宿数量分别达到66.66%、57.14%、52.17%和50%，增速达到顶峰。

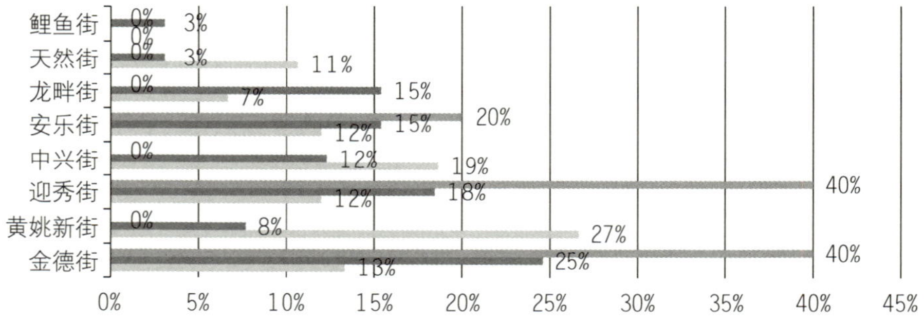

	金德街	黄姚新街	迎秀街	中兴街	安乐街	龙畔街	天然街	鲤鱼街
2004年以前	40%	0%	40%	0%	20%	0%	0%	0%
2004—2015年	25%	8%	18%	12%	15%	15%	3%	3%
2016—2018年	13%	27%	12%	19%	12%	7%	11%	0%

图5-1　黄姚古镇各街道同时段开业民宿数量所占的比例

如图5-2所示，2016—2018年间，前几年增长速度较缓的黄姚新街、天然街、中兴街开始增速，新增民宿数量分别达到80%和63.63%，鲤鱼街民宿数量不变，其余街道民宿数量增速迟缓。

从黄姚古镇各街道不同时期民宿数量变化可以得知，整体演变过程是从古

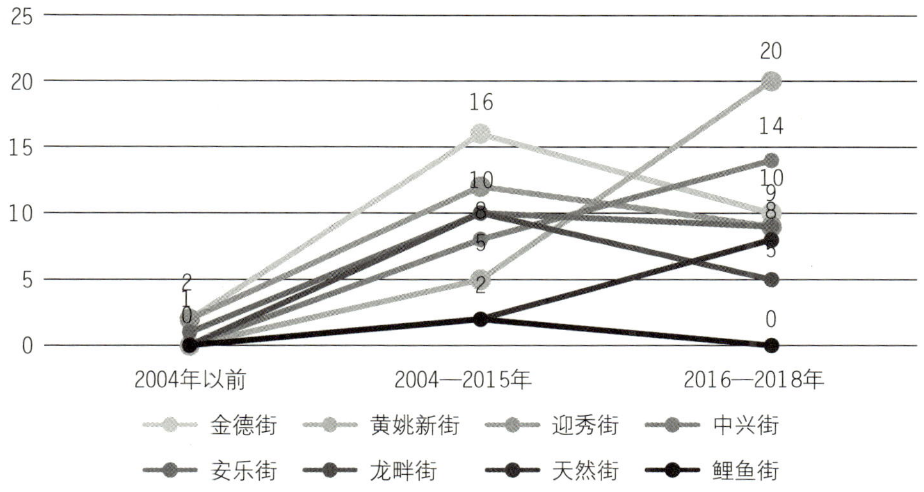

图5-2 黄姚古镇各街道不同时段开业民宿数量增长速度图

镇核心区开始，以主街道为中心，向四周街道发散分布，随着旅游业发展，扩大到外围的黄姚新街。

（三）民宿的微观时空迁移历程

民宿是紧密依靠旅游资源发展的产业，黄姚古镇作为自然景观与人文景观并存的梦境家园，古镇内自然景观有八大景二十四小景；现存有寺观庙祠20多座，亭台楼阁10多处。微观时空演变特征以黄姚古镇内游客密度较大的景点为研究对象，对不同时段景点周边民宿数量变化进行对比分析利用，得出民宿空间分布的中心和扩张方向。

由图5-3可知，2003—2015年，金德街、迎秀街、安乐街（含安乐寺）、仙人古井、带龙桥景点周边民宿数量分别为16家、12家、10家、10家、8家，分别占当时黄姚古镇民宿数量的25.39%、19.04%、15.87%、15.87%、12.69%。迎秀街、金德街、安乐街这三条商业街保存着古镇内最宽的青石板路，百年来主街道人来人往，路面被时光打磨得平滑如镜，两旁皆是高低错落的砖木结构古民居，最能体现质朴的乡间生活。因此，在当时旅游基础设施尚未完善、知名度刚步入上升期以及对古镇内其他景点宣传力度不足的阶段，民宿大部分选址在游客较多的这几条商业街，还有部分选址在临水而居的仙人古井、带龙桥景点（图5-4）。

通过图5-5、图5-6对比可以发现，2016—2018年，新增的民宿散布在各个

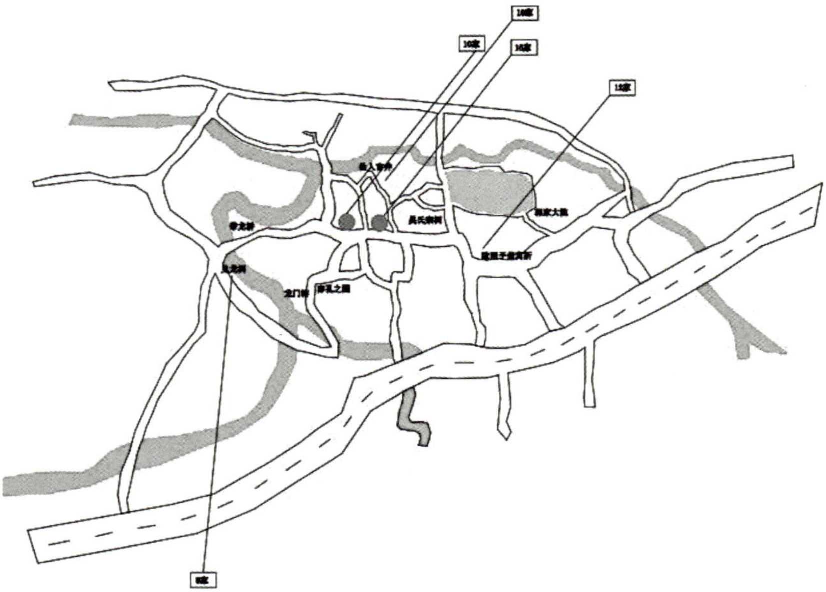

图5-3　2003—2015年古镇民宿围绕景点分布图

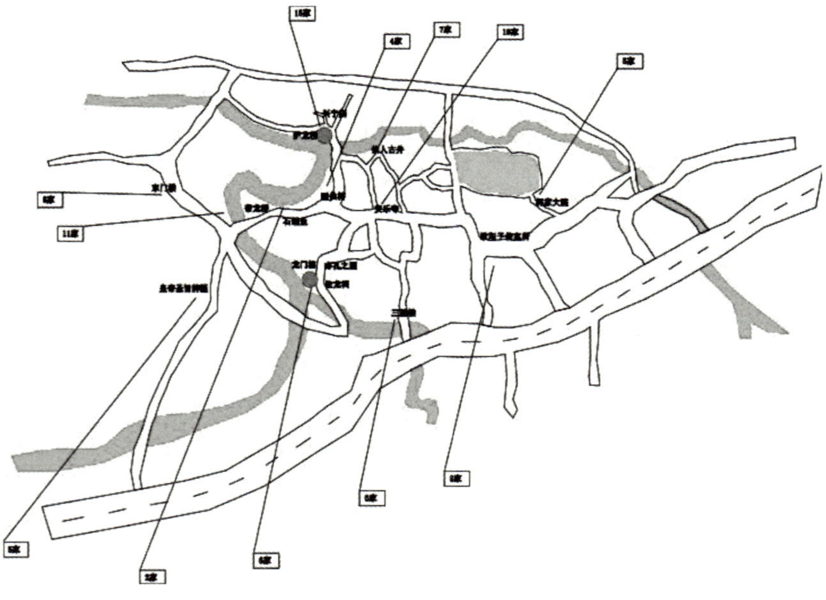

图5-4　2016—2018年古镇民宿围绕景点分布图

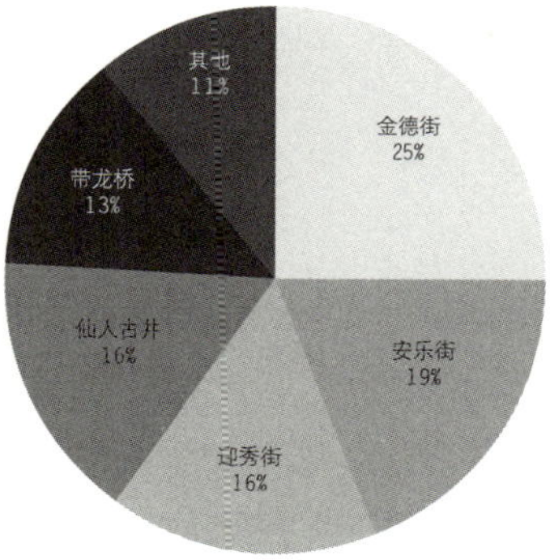

图5-5　2003—2015年古镇民宿围绕景点分布占比图

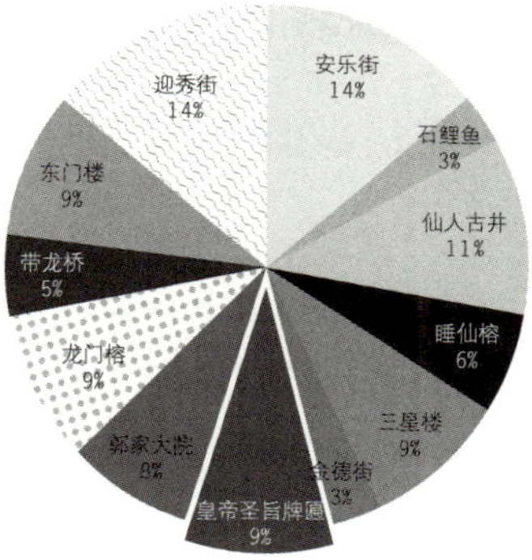

图5-6　2016—2018年古镇民宿围绕景点分布占比图

景点附近。与上一个阶段相比，曾占比最高的金德街从25%下降至3%，带龙桥从13%降至5%；安乐街、迎秀街、仙人古井占比下降幅度小，仍是新增民宿选址的首要位置；上一阶段没有民宿入驻的，离主街道较远的东门楼、龙门榕、皇帝圣旨牌匾（位于龙爪榕对岸）、三星榕、郭家大苑这几个景点，均在三年之内从0%上升至8%～9%，上升速度迅猛；由于石鲤鱼景点周边只有一侧民居，另一侧是沿江观景平台，自由行散客喜欢在观景平台用餐，因此民居主要用来开设农家乐，民宿占比3%很正常。

2015年，黄姚古镇旅游人次达60万以上，节假日民宿入住率约73%。2016年，黄姚民宿业迎来发展热潮，本地居民凭借几年来积累的资本也计划进入民宿业。黄姚古镇内能租赁到的民居越来越少，供不应求导致了租赁成本增多，黄姚古镇核心景区内民宿新增率开始变缓。此时黄姚新街、中兴街、天然街三处离主要景点较远的街道民宿增加率提高，由于中兴街（位于龙爪榕对岸）和黄姚新街的民宿不是明清古民居，是本地居民后来建的民房，因此民宿营业者以本地居民为主。

2017—2018年，先后有三家民宿在黄姚古镇出口不远的四海堂民俗步行街开业，这与政府将黄姚古镇民宿业作为龙头产业、带动黄姚片区民宿业发展的规划是一致的。

由分析比较得出，2004年以前、2004—2015年、2016—2018年三个阶段，黄姚古镇民宿的空间分布变化是以主街道（迎秀街、安乐街、金德街）为中心向周边呈网状扩散。

二、黄姚古镇民宿时空迁移的影响因素分析

（一）中国民宿市场发展情况

民宿被称之为有温度的住宿，各年龄段、喜好不一的游客都能在理念、设计风格不同的民宿中找到其需要的风格，打破了游客对旅游住宿的传统印象，民宿成为新旅游形势下主客双方共同关注的热点。中国民宿市场从2013年开始火爆，2015年到2016年更是进入“光速”发展阶段，赚足了行业内外的眼球。一大批旅游业领军人物也纷纷进军民宿业。据相关统计数据可知，截至2016年底，民宿注册总量高达四万多家，较2015年增加了近六千多家。此时民宿在我国发展不过五六年，但旅游住宿的高、中、低市场都能看到其活跃的身影。凭借为游客提供高品质、多元化的住宿选择，民宿快速在市场占据了一席之地。

民宿多选址于风景优美、远离城市喧嚣之地。有着“中国最美五大水乡之一”“中国最美十大古镇”“梦境家园”美誉的国家4A级景区——黄姚古镇，自然吸引了大批业界人士在此修建民宿和游客体验古镇民宿。早期在黄姚经营民宿的主要是来自湖南、广东等外省人，通过租赁、购买村民旧民居的方式来改造，使其成为民宿。2013年后，逐渐有本地家庭经济基础较好的村民看到了民宿的经济效益，开始利用自家房子或购买、租赁黄姚新街的房子经营民宿。中国民宿市场的火热发展为黄姚古镇民宿发展引进了外界客源和优秀的民宿经营者，带动了黄姚古镇民宿业的初步发展。

（二）黄姚古镇旅游业发展水平

当地旅游业发展水平对民宿数量增加和空间布局的改变有重要的影响作用。1999至2002年，政府主导成立的黄姚旅游开发有限公司主要对古镇内重点文物建筑（古镇石板街和门楼）进行修缮维护，拆除了影响古镇氛围的建筑物以及建设公共交通设施。他们并没有对古镇深厚的历史人文价值进行发掘，旅游基础设施也未完善，仅是周围居民和少许散客前来一日游，未达到住宿业形成的条件，因此古镇内还未开始发展民宿。

2003年7月，黄姚古镇文化旅游有限公司成立，在其出台的《广西壮族自治区昭平黄姚古镇名胜区旅游开发规划》中提到，计划将黄姚古镇打造为4A级国家旅游风景区，影响力辐射桂、湘、粤等华南地区。截至2018年，各旅游公司在黄姚古镇筹建项目多达30个，总投资规模达250.13亿元。黄姚古镇自旅

游开发以来，游客数量、旅游总收入总体上呈现逐年递增的趋势，从2012年旅游总收入高达千万元增长到了2018年的30亿元。

随着旅游产业的不断发展，作为古镇旅游六要素之一的民宿也增长势头强劲。2016年前，民宿先在游客最密集的主街道聚集发展，金德街、迎秀街、安乐街民宿数量激增；2016年后，随着黄姚古镇各类旅游基础设施、配套服务设施的完善，旅游公司对各分街道的民居进一步保护性开发，并对主街周边景点进行历史人文价值深挖。游客游览密度在司马第、郭家大院、真武山、东门楼等远离主街道的景点渐渐增加。同时，主街道民宿饱和，没有多余的闲置民居供民宿经营者改造，古镇内民宿开始往主街周边景点扩张，增长速度迅猛。

（三）民宿周边旅游资源禀赋

优秀的旅游资源是支持民宿业发展的重要条件，对于入住黄姚古镇民宿的游客来说，民宿的选择其实是源于他们对于某种生活状态的向往，也就是冲着某种生活方式前来的。因此，周边旅游资源给民宿营造的氛围是非常重要的影响，也是该地方能不能吸引很多有这种共同志趣的人前来投资民宿并形成集群的要素。

民宿周边旅游资源主要分为自然旅游资源和人文旅游资源两方面。黄姚古镇的自然环境独树一帜，在周边城市具有资源稀缺性；保存完好的明清古建筑、列入非物质文化遗产的黄姚放灯节、客家足迹、抗战文化等都具有独特的文化标识性。旅游资源禀赋为黄姚古镇的民宿业发展提供了极大的机遇。

中兴街目前有22家民宿，占全古镇民宿数量的15.71%。根据调查结果显示，民宿选址在此的主要原因是古镇人文景观地标建筑——带龙桥坐落的街道。带龙桥是黄姚古镇现存15座明清古桥梁中最大的一座，连接了鲤鱼街与中兴街，右岸是古庙见龙祠，姚江江水千年来静静从桥下流过。这一处景观不仅彰显了黄姚古镇“有水必有桥，有桥必有亭”的水乡建筑特色，而且秀丽小巧的带龙桥与两岸古榕参天、怪石嶙峋、高墙黑瓦的古民居营造的古朴自然的氛围，受到当今众多追求质朴安静、天人合一生活状态的游客和民宿经营者的喜爱。

从2016—2018年黄姚古镇主要景点周边民宿分布图可以看出，目前民宿在黄姚古镇旅游资源丰富的地段分布密集。未来，黄姚古镇的民宿将会沿着旅游资源开发的方向布局。

（四）民居可改造程度

民宿理应不受传统酒店的限制，可根据民宿设计者的理念、风格进行布置和装饰。因此，合适的改造条件是改造成功的重要因素，也是影响民宿主人对民宿选址的核心因素之一。黄姚古镇旅游开发的核心就是古镇现存的513间保存完整的明清砖木结构古建筑，因此，政府管理机构坚决遏制古镇核心区域房屋拆、建，严格修缮审批程序，对未经审批的改造一律从严审查。对古镇核心区与明清历史建筑不相符、不协调的违章建筑做整体拆除、降层仿古整改。

2017年7月4日通过的《贺州市黄姚古镇保护条例》第十条（六）规定，鼓励对黄姚古镇内古建筑进行保护性维修和功能性利用，但不得擅自改建或者拆除；第十一条（三）规定，建筑层数控制在三层以内，檐口高度不得超过9米，建筑主题色彩应当采用灰白色系；第二十二条（二）规定，建筑物顶部、阳台、平台外走廊及窗户不得堆放、吊挂有碍古镇风貌的物品；（五）规定，不得在建筑物临街面超出建筑物墙体设置安全网或者吊挂物品。

古镇保护条例的出台限制了民宿主对民居的改造方案。黄姚古镇的古民居一般为前后两进、两进之间有走廊连接、中间为天井的合院式。古建筑中的天井承担着采光、通风、排雨等功能，由于四面房屋屋檐出挑较大，使得天井真正露天的部分少了一半，光线不会直接射进房间，而是经过折射、漫射后才进入房间，光照不会过于暴晒，使住宅保持阴凉通风。同时，为了具有一定的防御功能，黄姚民居外围砖墙的墙体普遍很厚重，在近屋檐处开一扇小窗用于通风。这些在明清时期适宜人居的设计，难以适应现代高楼大厦光照充足、通风透气、电器类设备使用频率高的生活环境，反而觉得光线暗、空气不流通以及私密性差。因为保护条例的限制，民宿经营者只能对内部装饰进行改造，无法把民居原有格局拆除重建。此外，户与户之间纵向共墙并排，横向则以巷相隔而建，总体呈聚集状布局，因此房屋密度大，只有临街巷的民居能观赏风景，且民居普遍以三层居多，多数阳台的位置只能看到前栋的房子，限制了视野和观景。

在实地调研中发现，60%民宿经营者认为地方政策是影响民宿选址的第二重要因素，20%民宿经营者进一步认为由于该原因，未来的分店选址会在黄姚古镇周边古村落或姚江漂流度假区、黄姚花海等其他景区。

（五）旅游宣传影响效果

近年来，黄姚各公司深入挖掘区内外客源，广泛推介自有景点优势，积极策划营销推介活动，旅游宣传效应得到了再深入、再造势、再提升。先后陆续主办了灯笼文化节、柚子灯节等多项大型民俗宣传活动；举行了纪念何香凝先生诞辰140周年暨首届“香凝如故”——全国美术作品展贺州巡展、协办了“辉煌60年·壮美新广西”采访报道；走进湖南、广东两省10多个城市举办了“心仪广西　风情桂东南”桂东南岭南风情旅游联盟旅游推介会10余场，并推出“贺州市创建国家全域旅游示范区奖励政策”、“壮族三月三·相约游广西”九省旅游优惠政策，以及“粤桂扶贫协作优惠政策”，（贺州市的昭平县和富川县是广西33个国家扶贫开发工作重点县），吸引带动了数万外省游客到黄姚观光旅游。众多广东、湖南游客通过自驾游或旅游团的方式来黄姚观光，推动了民宿业的发展。

（六）黄姚片区其他旅游项目发展

《昭平县文化和旅游局2019年第一季度旅游业发展情况报告》指出，黄姚古镇通过景区辐射型扶贫策略，发挥了龙头作用，带领片区内旅游业兴旺发展，通过黄姚古镇景区带来的大量客源成功激活了黄姚片区的旅游市场，带动了黄姚四海堂客加民俗文化步行街、黄姚花海景区、沐花谷生态旅游区、姚江漂流度假区等旅游项目的落地。从黄姚古镇驾车前往这几个景区，最短的需五分钟，最远的仅需十五分钟，目前已有6家民宿入驻这些景区。20%的古镇民宿主人认为第二家分店可以选址在周边景区，主要原因是目前黄姚古镇核心区内的民宿已饱和，黄姚新街由于靠近交通道路，经常有车辆经过，属于居民生活区，考虑到安全性和噪声情况，不适宜中、高端民宿的经营。周边的景区以自然景观为主，而且场地空旷，民宿可改造程度大，采光、潮湿等问题也能够解决，适合发展养生、休闲、体验型的中高端民宿。

三、黄姚古镇及周边景区未来民宿分布预测

从宏观和微观层面上分析黄姚古镇民宿时空变迁历程，并对影响民宿空间布局的各类因素进行分析，可作出如下预测：

（一）对黄姚古镇整体民宿时空变迁预测

从民宿空间扩散方向看，十五年间民宿分布演化特征与古镇旅游业发展情况的空间扩散方向整体存在一致性，并且与黄姚片区的总体规划情况一致。预测未来黄姚古镇内民宿空间布局会继续呈现从单一的以商业主街道为增长核心，向黄姚古镇其他的自然景点、人文景点发散式扩展（图5–7）。

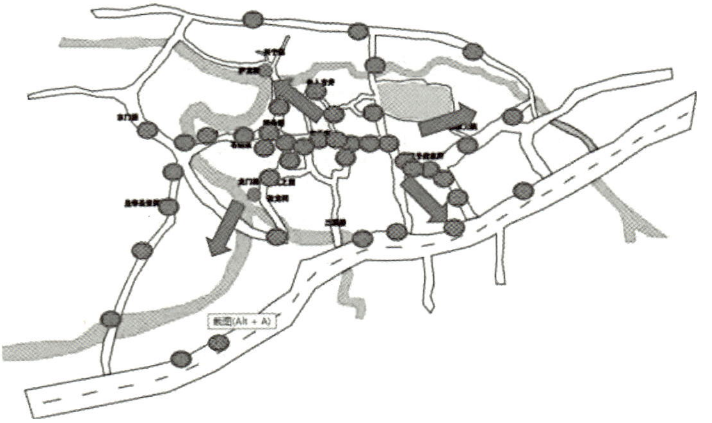

图5–7　未来黄姚古镇整体民宿时空变迁预测图

（二）对黄姚古镇及周边景区整体民宿分布预测

从中国民宿市场发展情况、黄姚古镇旅游业发展情况、民宿周边旅游资源禀赋、民宿改造灵活程度等因素看，民宿周边环境和民宿改造灵活程度是影响黄姚古镇民宿分布最显著的因素，并成为民宿选址的首要条件。近年来，昭平县重点打造“古镇寻梦、田园观光、民宿体验、茶园度假、山水养生、温泉休闲”六大旅游产品体系，计划依托特色古村落群打造民宿旅游产业。同时，黄姚古镇作为昭平县旅游业发展的龙头，不断推动大量游客去周边景区观光游览。周边景区对民宿准入性高、有政策支持、备选的位置充足、可改造程度高，能满足民宿主人对开发高端精品、提供漂流、采茶等特色体验项目的要求。昭平县旅游业不再局限于游览黄姚古镇后就回市区游览其他景点的线路，未来将凭借丰富的旅游资源打造一条县城内的两日游旅游线路，也将推动昭平县民宿业从黄姚古镇扩展到周边景区。

（三）小结

（1）从民宿数量及时间变化看，萌芽期民宿的起步缓慢，第二次发展阶段高速增加。黄姚古镇民宿发展目前经历了3个阶段：萌芽阶段、第一次发展阶段、第二次发展阶段，在第二次发展阶段中规模增长最快。20世纪90年代末，黄姚古镇已经开始发展旅游业，五年后出现首家民宿；从萌芽期到成长期的过程中经历了十二年，才从5家增长至63家；步入第二次发展阶段后，仅用了三年时间就从63家快速增长为140家。通过数据推断，民宿业进入一个尚未成熟的旅游目的地初期时，需要经历一个漫长的成长阶段，等待能推动其发展的因素成熟了方可提高增长速度。

（2）从民宿空间布局变化看，从"大聚集"变为"一大核心，多处聚集"。从萌芽阶段到第一次发展阶段，黄姚古镇民宿都聚集在主街道，民宿数量占黄姚古镇各景点民宿数量达60.31%。进入第二次发展阶段后，越来越多不同类型的民宿进入市场，各街道均有民宿分布，数量差距大，集聚程度各有不同，空间差异特征明显。第二次发展阶段，主街道民宿数量最多，仍是民宿空间布局的中心，占黄姚古镇各景点民宿数量的47.14%，相比第一发展阶段下降了13.17%。相对于第一发展阶段，民宿主人不再仅把"游客数量密度最高"的街道作为主选，而是根据自己的民宿风格选择散布在景区各个位置的景点。据统计，游客主要浏览的12个景点旁聚集着平均5.4家的民宿。形成了今日"一大核心，多处聚集"的分布格局。

（3）不同风格的民宿选址有偏好。轻奢美学型（"水墨客栈"位于游客较少的天然街）、简单慢生活型（"阿姚的房子"位于仙人古井旁的巷子）更倾向于周边商业活动少、民宿能见度低的位置；赏景度假型（如"龙鳞台全景美宿"位于真武山下）倾向选择周边旅游资源丰富，能观赏古镇全景、古榕、亭台楼阁的位置；文艺青年型、中式复古型则以民宿面积大、可改造程度高为原则进行选址，不会过于重视周边旅游资源（"伴月阁客栈"选择的不是古民居，而是几十年前村民自建的房屋，不属于古建筑，可以拆除重建）；以营利为主的民宿主人会选择热闹繁华的商业主街道或准入性高、成本相对古镇内低的黄姚新街。

第二节　古镇民宿的形象分析

古老的历史，悠久的文化，黄姚古镇以其独特的文化魅力在近些年来吸引了越来越多的游客，而游客对于景区酒店的需求也越来越高。本书基于当前网络信息和大数据的支持，对黄姚古镇和宏村景区的酒店在网络上的评价进行对比，通过研究分析来提高黄姚古镇酒店的质量。

一、研究范围

研究范围为广西贺州黄姚古镇景区和宏村景区。研究主要对象为贺州黄姚古镇周边酒店及黄山宏村酒店。

二、研究方法

（一）样本选取

在数据获取方面，主要针对途牛、去哪儿、携程、艺龙、同程等旅游网站上的酒店用户点评。在途牛网站中获取243家酒店用户评价共计1426条，在去哪儿网站中获取用户评价566条，在同程网站上获取用户评价1204条，在携程网站上获取用户评价1248条，在艺龙网站上获取用户评价932条。就途牛、去哪儿、携程、艺龙、同程这5家网站浏览及获取的数据可以得知，途牛、携程上关于黄姚古镇酒店的评价较为全面，艺龙、去哪儿、同程上的用户评价较为真实，宏村景区酒店的评价总体良好。因此，我们将这5家网站的数据相互结合共同分析得出结论。

（二）研究方法与过程

网络文本分析方法是一种能够将不系统的却能代表一些思想本质的“符号”（网络文本、图片、音频等）转化成系统性数量化分析的研究方法，也是旅游学研究的一个重要方法。本文借助网络爬虫八爪鱼软件对各个网站的用户评价进行获取、转化，ROST CM6软件对文本内容进行分词、词频统计、社会网络语义分析、情感分析等实现对酒店评价的研究。

研究过程：首先用八爪鱼到各个旅游网站对用户评价进行获取，导出为Excel数据，再转化为CSV数据及TXT获得文本。再用ROST CM6软件对文本进行预处理，使用ROST CM6软件对文档进行分词和词频统计。然后对词汇进行编码分类，清晰了解游客感受、酒店环境、设施服务等高频词，然后结合语义网络构建社会语义网络图和情感分析了解游客感受与情感状况，最终得出关于酒店服务质量的建议。

三、结果分析

（一）词频分析

利用八爪鱼采集器收集顾客评论，使用ROST Content Mining软件对文档进行分词和词频分析，经过筛选获得有意义的高频特征词及频数，用5个网站（去哪儿、同程、艺龙、途牛、携程）对黄姚和宏村酒店评价进行高频词统计，同时分析评论的内在网络结构得到共词矩阵，初步了解顾客在这5个网站中关于黄姚和宏村酒店形象的认知和重视程度，从表5-2可以看出顾客对于黄姚古镇酒店的形象大多是正面积极的，其中高频词“房间”出现的词频有2131条，占所有抓取评论的7%。“卫生”是顾客衡量各个方面后对酒店环境的最终评价，与其共同出现的特征词有“整洁”“早餐”，说明酒店环境在顾客的评价中都属于“卫生”这一范畴。“老板”作为一个核心层的高频词出现，与其相关的“热情”“态度”“周到”等高频词说明“服务”也是顾客对酒店的关注点之一。酒店是游客在黄姚古镇旅游停留期间居住的主要场所，“齐全”“房间”“舒服”“安静”“设施”都对顾客的感受产生影响。“性价比”“实惠”是游客对酒店的价值感受。从表5-3可以看出顾客对宏村酒店的评价也是积极正面的，“热情”“周到”是对老板与员工服务水平的评价；“干净”“卫生”“好吃”是对宏村酒店“早餐”“饭菜”等饮食状况的评价；“方便”“特色”“整洁”“安静”是游客对宏村酒店“位置”“环境”“设施”“装修”等客房基础设施和整体环境的评价。“值得”是游客预订酒店前的期望与实际所接受的服务进行比较后得到的价值感受。

通过对比游客对黄姚古镇和宏村酒店的评价可以看出，游客对这两个地方酒店的评价多数是正面的，而且都提及了服务态度、酒店设施、环境和饮食等方面。在提取的黄姚古镇酒店用户点评中关于价值感受的高频词较多，比如“实惠”“性价比”等词语，而宏村酒店在这方面所获得的高频词仅有“值得”，相对来说，顾客觉得黄姚古镇酒店的价值感受更高，除此之外两个古镇酒店都大同小异。

表5-2　黄姚古镇酒店词频排名前20位的词条及出现频率

排名	词条	词频	出现频率	排名	词条	词频	出现频率
1	房间	2131	0.074	11	装修	326	0.011
2	老板	1579	0.055	12	整洁	296	0.010
3	服务	1064	0.037	13	特色	291	0.010
4	热情	1036	0.030	14	性价比	257	0.009
5	卫生	872	0.030	15	周到	209	0.007
6	早餐	626	0.022	16	齐全	157	0.005
7	舒服	582	0.020	17	风格	155	0.005
8	安静	462	0.016	18	好吃	144	0.005
9	设施	421	0.015	19	温馨	140	0.005
10	态度	372	0.013	20	实惠	106	0.004

表5-3　宏村酒店词频排名前20位的词条及出现频率

排名	词条	词频	出现频率	排名	词条	词频	出现频率
1	老板	4493	0.067	11	舒服	645	0.009
2	房间	3201	0.047	12	早餐	592	0.0088
3	热情	1978	0.029	13	设施	580	0.0086
4	干净	1916	0.028	14	特色	560	0.0083
5	位置	1585	0.023	15	整洁	511	0.0076
6	环境	1367	0.020	16	安静	508	0.0075
7	服务	1314	0.019	17	装修	500	0.0074
8	方便	938	0.014	18	周到	435	0.006
9	卫生	788	0.0117	19	饭菜	397	0.0059
10	好吃	750	0.0112	20	值得	365	0.0054

表5-4　　黄姚古镇与宏村酒店高频词分类汇总

分类	高频词汇总
服务	老板、热情、态度、周到、温馨、早餐、好吃、接送、贴心、用心、好客、亲切、到位、客气、帮忙、亲自、耐心、预订
设施	房间、位置、环境、卫生、装修、齐全、风格、整洁、干净、院子、安静、卫生间、隔音、空调、设计、精致、古朴、阁楼、装饰、阳台、花园、木质、宽敞、电梯、简约、安全
体验	实惠、特色、舒服、值得、温馨、方便、免费、性价比、惬意、愉快、便利、惊喜、完美、舒心、好看、雅致、好评、开心、感谢、休闲、热闹

从表5-4两个古镇的高频词汇分类汇总分析可以得出：在服务方面，大部分游客评价里都提到了“老板”“热情”“亲切”“贴心”“亲自”等词汇，反映了游客对酒店服务态度的肯定，好的服务态度和质量会提高游客对酒店的满意度。因此酒店方更应注重服务态度和质量，以热情的态度和高水平的服务质量让游客感到满意，在保持标准化服务质量的基础上提高服务员的素质，努力追求个性化服务，以此增强顾客对酒店的忠诚度与满意度。

在体验方面，从评论可以看到大部分游客的评价是正面的，“实惠”“性价比”“值得”这些词可以看出顾客对酒店的价格比较满意，所以酒店可以从这几个方面深入改变，尽量减少客房价格波动以巩固游客对该酒店的印象；在“惊喜”“愉快”“惬意”这些词中，反映出酒店应注重为顾客提供一些独特的惊喜服务，使顾客在酒店住宿期间感到惊喜与满足，增强游客的体验感。

设施方面，从高频词中可以看出酒店设施与环境也是顾客极为关注的一方面，酒店应该在这些方面更加完善酒店自身以提供给顾客更好的住宿体验。首先要重视顾客安全，完善酒店安全防护设施，从细节做起，注重房间的清洁卫生，应时刻保持酒店房间的干净整洁。酒店的装修设计既要有当地特色也要凸显自己独特的风格主题，不管是精致还是简约的设计风格都能让顾客有更新奇的体验，酒店应根据所在位置选择适当隔音的材料为顾客创造更加安静放松的住宿环境。

（二）长尾词分析

上文的词频分析发现，两个不同古镇酒店的前20个高频词的形象存在相似性，无显著差异性。因此，针对不同古镇中评论数据的前200位高频词汇的序号和频数作为变量进行曲线拟合，发现高频词汇符合幂指数分布。根据长尾理论可以推断出，黄姚古镇和宏村酒店的网站用户评价词频分布都呈明显的“长尾”分布特征。从黄姚古镇和宏村的长尾曲线分布情况来看，用户评价由核心形象和边缘形象构成。其中拟合曲线头部的特征词属于核心形象，反映了游客对于两个古镇酒店的整体评价，如较高的词汇“热情、服务、环境卫生、舒服、特色、满意”等都反映出游客对两个古镇酒店的良好评价和满意度。长尾词则是反映了游客对酒店的一些零散的印象，黄姚古镇酒店的长尾词“改造、配套、蚊子、感受”与宏村的“房价、交通、类型”等词汇则从侧面反映了游客对酒店的潜在要求。因此从以上分析来看，词频分析结果反映出游客对于酒店的整体大致印象与感知，但对于不同酒店的形象感知并没有显著的差别。不同于高频词汇的整体印象，两个古镇的酒店在建设中都应重视长尾词为代表的辨识属性，深入挖掘自身特色，加强酒店品牌形象建设，提高自身设施质量和服务质量（图5-8、图5-9）。

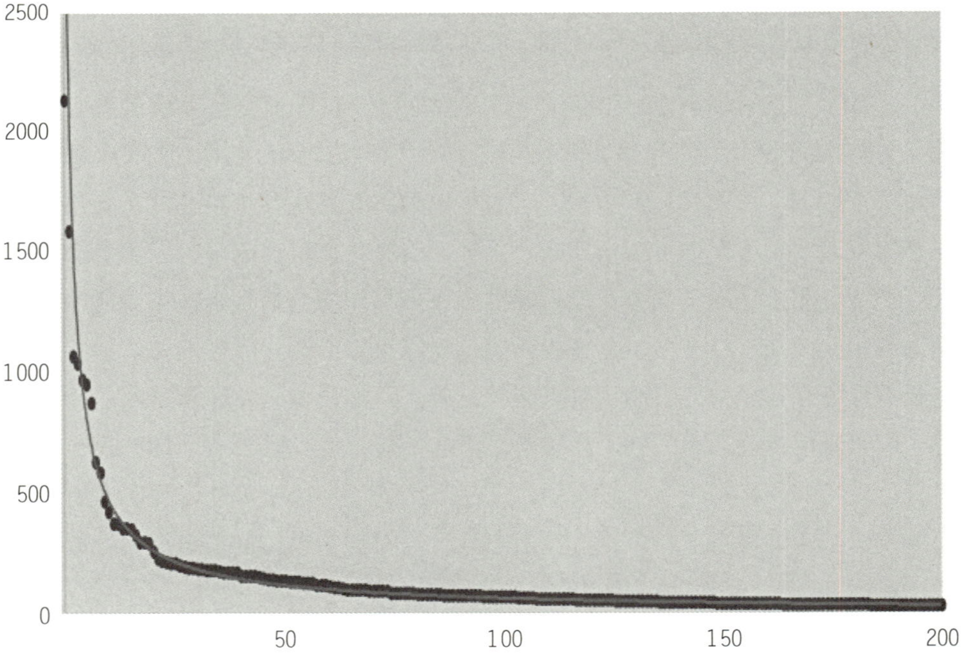

图5-8　黄姚古镇酒店高频词长尾分布

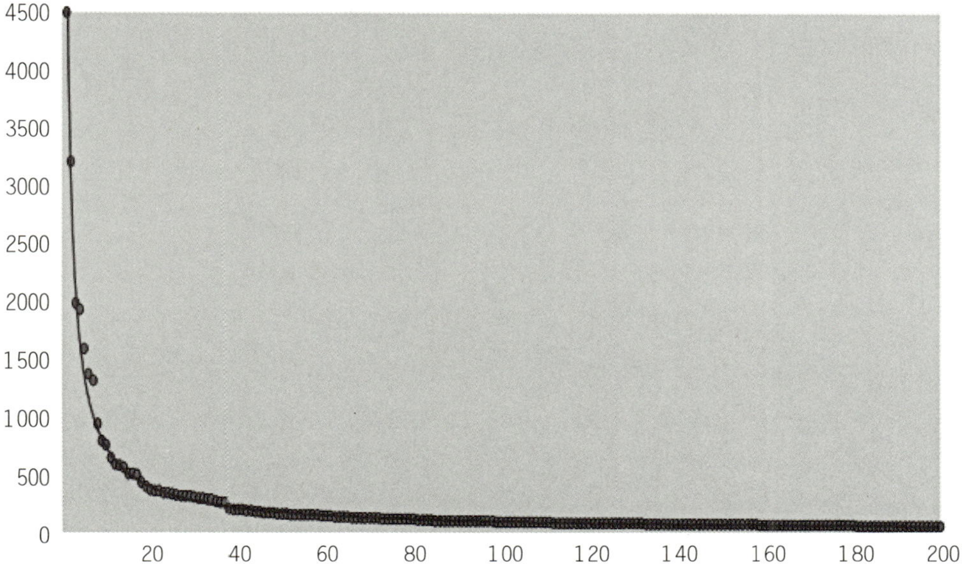

图5-9　宏村酒店高频词长尾分布

（三）语义网络分析

进一步对游客评论高频词进行语义网络分析可知，其核心区层“房间”“老板”“干净”“热情”“服务”“周到”“卫生”等词与其他词有着明显的复杂关系，过渡层的“方便”“整洁”“值得”等词说明游客对宏村民宿环境和服务态度的关注度很高。

对比两个古镇的语义网络图可知，在关于酒店评价方面，其两个语义网络的最中心词都是“老板”“房间”，说明大部分游客对于客房设施及酒店经营者的态度很敏感。如评价大多为“房间很温馨，挺干净的”“房间朝向挺好，可以看见月沼，风景很美”“房间设施齐全，有吹风机等用品”“老板很热情，做饭好吃”“老板人很好，来的时候专门免费接送我们”这些评论都表明游客对酒店设施和服务态度很满意。而在过渡层，对两个古镇的酒店评价不同，一些关于“整洁”“干净”等细节服务在宏村属于核心层，而在黄姚古镇则属于过渡层，因而在游客评价中，宏村酒店的服务意识与质量普遍高于黄姚古镇。但是从整体的语义网络图分析来看，两个古镇的高频词重合度较高，没有显著差异性（图5-10、图5-11）。

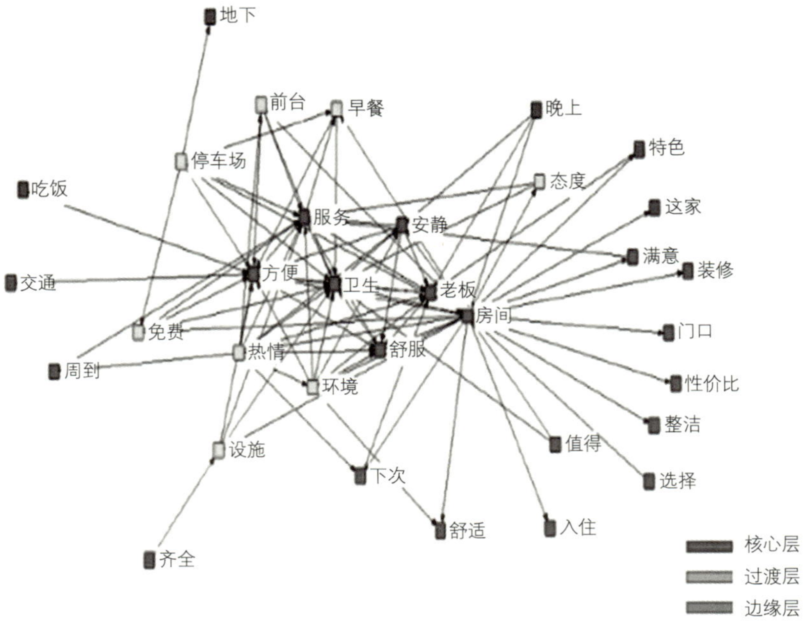

图5-10　黄姚古镇酒店语义网络图

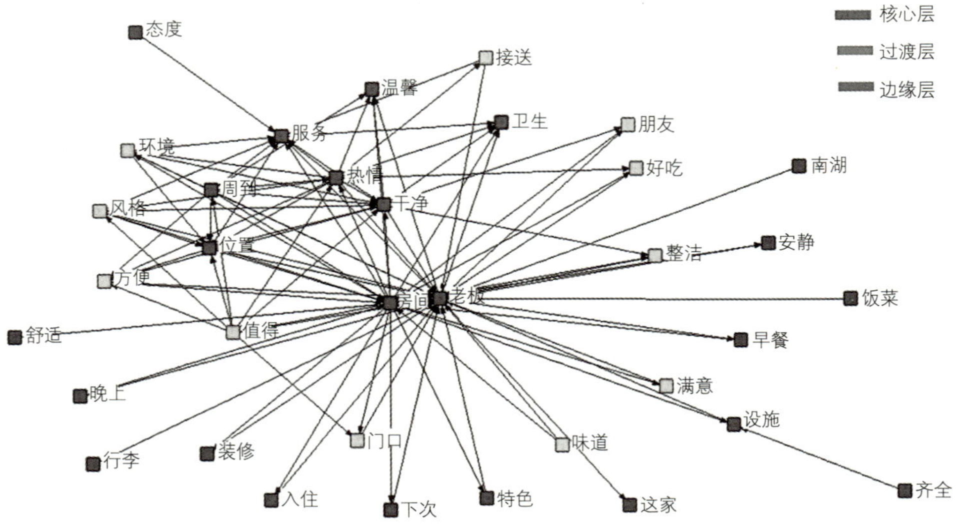

图5-11　宏村酒店语义网络图

（四）酒店形象分析

通过多种渠道获得酒店的相关信息和形象特征，使顾客对酒店有了整体的了解。顾客对酒店的形象有进一步的认知体现为，对酒店具体服务事项的感知形象和感知价值形象。因此，通过截取酒店的感知形象词条中出现的前10个词条，把游客对酒店的感知形象词条划分为整体认知形象、具体服务事项感知形象和感知价值形象3类。整体的认知形象由顾客的大部分评论构成，服务事项感知反映了游客对黄姚古镇酒店的服务水平及其相关服务项目的感知（表5-5）。

表5-5　　排名前10高频词行为特征词——共词矩阵

	房间	老板	服务	卫生	早餐	舒服	安静	设施	态度	整洁
房间		447	361	397	242	250	209	210		169
老板	447		197	178						
服务	361	197		273	157				262	
卫生	397	178	273							
早餐	242		157							
舒服	250									
安静	209									
设施	210									
态度			262							
整洁	169									

通过分析获得："舒服""安静""整洁""特色""周到""温馨""好吃""隔音"等整体评价词；"房间""服务""早餐""卫生""设施""态度""老板""装修""风格"等高频词是顾客在接受住店服务过程中所感知的具体事项。"性价比""实惠"则是顾客在接受服务前后对酒店进行评估的感知价值事项。

1. 情感分析

通过ROST CM6情感分析可知，在5家旅游网站总体评价数据中，客人的积极情绪占比很高，中级情绪较少，消极情绪更少，即在关于酒店的体验感受方面大部分游客对酒店服务总体感知良好，极少数游客对酒店或酒店的环境设施评价不太好（表5–6）。

表5–6 贺州黄姚古镇酒店评价情感分布统计结果

情绪分类	数量/条	占比/%
积极情绪	1312	88.53
中性情绪	102	6.88
消极情绪	68	4.59
其中，积极情绪分段统计结果如下：		
一般（0—10）	449	30.30
中度（10—20）	443	29.89
高度（20以上）	420	28.34
其中，消极情绪分段统计结果如下：		
一般（–10—0）	53	3.58
中度（–20—–10）	12	0.81
高度（–20以下）	0	0.00

2. 酒店及酒店评价节选

通过数据浏览分析可知，在5家旅游网站中，黄姚古镇悦舍精品酒店、昭平黄姚古镇龙鳞台全景精品酒店、昭平黄姚庭园客栈、昭平黄姚近水楼台客栈、昭平黄姚古镇圣旨府酒店、昭平江边别苑客栈等酒店，综合评价较好，多数用户对酒店的位置、设施、服务等进行了全方位的评价。如在携程网站中大部分用户评价“昭平黄姚古镇圣旨府酒店服务周到、设施完好，挺用心的一家酒店，从装饰风格上看感觉细节更到位，没有过多的西洋图片，却增加了红花绿叶的点缀，通道很素简，房间增加了书与指甲修理套装，这是我个人感觉最触动的，洗手间也多了一个洗衣液，超赞！服务很到位，洗手间下水堵，五分钟修理完毕，前台热情，值得推荐。”关于黄姚古镇龙鳞台精品酒店的评价则是“客栈正对仙人古井，位置很好，阳台景观很赞，阳台风景、山、水、人都能欣赏得到，住的还蛮舒心，另外老板也很热情，第一天晚上到镇外把我们接进来，有空还可到客栈一楼坐坐，喝喝茶挺好！”“非常棒的民宿！老板热情待客，很有家的感觉！还为我们做了顿鸡汤面，还有店家的秋田犬，儿子跟它玩得很来，这次因为特殊情况比较赶，期待下一次!”“客栈的风格原汁原味，很原生态的感觉。厌倦了商业化大酒店，那么隆安客栈是个好选择。店里可以点早餐，下雨的早上就很方便。带孩子住的时候也很方便，两张床在屋里，整个景区里都是不能停车的，车子要停在古镇外。”在这几家评价很高的酒店中，大部分游客的评价都是“热情好客”“服务周到”等关于服务质量的感受，以及对酒店环境与周边风景的赞美。

通过对入住黄姚古镇酒店和宏村酒店的游客网络评论文本进行分析和高频词汇的检索，根据数据的对比分析得出了两个古镇的异同。以黄姚古镇酒店为重点，从不同维度构建酒店游客感知价值模型，并得出相关结论。首先，大多数高频词汇是顾客对酒店环境和服务态度的感想与看法。其次，通过高频词汇的分析，了解到大部分游客认为酒店价格较实惠、性价比高，小部分入住游客对基础设施、环境等客观条件表现抱怨或不满的情绪，如房间隔音不好、基础设施过于陈旧等。但是，通过一定的附加服务，例如酒店经营者的热情态度和贴心服务以及酒店体验期间美好回忆的累积等，会改变游客对酒店的态度。最后，从网络文本内容和高频词汇分析结果能够看出顾客对酒店设施和服务态度拥有较高的关注度，说明酒店经营者应在保持现有良好环境的基础上规划和改善酒店基础设施建设。同时，努力增强个性化服务意识，带动顾客融入酒店环境中，提高顾客的住宿体验，在提升酒店行业整体管理水平基础上保持标准化服务水平，引导顾客的个性化需求。

第六章

黄姚古镇部分代表性民宿

第一节　阿姚的房子

一、民宿简介

阿姚的房子（迎秀店）位于黄姚古镇迎秀街18号，左边不远处就是昇平门，阿姚的房子是迎秀街上最早的民宿，是黄姚古镇极少数保留完整的正屋两厢、三进两院的老房子（图6-1）。

图6-1　阿姚的房子外观

客栈一共有12间风格不同的主题客房，分上下两层，一进门便是一个厅堂，厅堂里摆放着乐器、桌椅，客人们可以在这里以音乐会友，也可以喝茶、聊天、看书、听音乐、弹奏、唱歌、荡秋千、晒太阳、发呆……厅堂右边有两间客房，其余的客房分布在两边厢房。每间客房都有专属风格，房间的风格与房间的名字相呼应。正屋二楼有一个可容纳十几人的榻榻米大阳台，听着楼下的乐声聊着遇到的风景，是观景谈心的好地方。

夜幕降临，古镇的夜生活开始了，游客们逛了一天，三三两两齐聚到阿姚的房子里。在这里他们用音乐交流，诉说彼此的故事，也有音乐发烧友，一展自己的歌喉。就算不会乐器也没关系，你愿意唱歌就会有人帮你伴奏，若女主人阿姚有空闲，她还会亲自伴奏。如果你既不会乐器，也不愿唱歌，可以坐在旁边当一个观众，静静地欣赏也是一种享受。

二、民宿特色

1. 名字来源

阿姚的房子其名字缘于女主人姓姚，因机缘巧合来到黄姚，找到了梦境中宁静、美丽的家园而在此开起民宿，这是属于她的民宿，属于她的房子，故名“阿姚的房子”。阿姚从湖北来，旅游到了黄姚，被这里美丽的景色倾倒，她不惜辞去了公职，开了这家“阿姚的房子”的客栈。阿姚是个有故事的人，话不多，惜字如金，恬静素雅。

2. 文化主题

阿姚的房子是这条迎秀街上最早的民宿，主人并没有一味追求客房数量，将老房子修旧如旧，保留原来前厅、天井、园林、厨房、内堂、后院等公共活动空间。客栈古朴纯净，尽可能保持原来明清古民居建筑格局和装修风格，客栈主人怀着对传统文化的敬畏，内心深处保持着那份纯粹的矜持，顺应自然，返璞归真。客房宽敞明亮、采用老家具、老木雕、青砖、木板、陶瓷、花布等中国传统元素。老板亦将中国传统文化元素融入客房内，客房的名字也融入了传统文化元素，多采用的是元曲的曲牌名，12个饱含中国传统元素、风格各异的主题特色客房。

除中国传统元素外，阿姚的房子另一大特点就是它的音乐。这是一家以音乐会友的民宿，这里除了房费以外不向客人收取任何费用，客人们不论是否在这里居住都可以来阿姚的房子表达对音乐的热情。里面有钢琴、吉他、手鼓、扬琴和尤克里里等乐器，大大满足了来自五湖四海的客人对音乐的需求。月色朦胧，携三两好友相聚于此，乐声响起，许久未见的老友，互说着自己的生活。客栈很好地将这两种风格结合在一起，坐在窗边，细细品茗，伴着悠扬的乐声，聊天、赏月、听雨、发呆……阿姚的房子，让人赖着不想走，只想好好体会这种慢悠悠的生活，让人细细品味工匠的精雕细琢而不知时光为何物。

3. 设计理念

客栈的老板初到这里，就被这里宁静祥和的环境所打动，仿佛找到了梦中的家园。她想的是不能破坏这个安宁的环境，所以客栈所使用的老房子并没有被过多的改动，阿姚只是将明末清初的老房子修旧如旧，保留了它最原始的风貌。再将房间改造成与房间名相呼应的主题房，一间独具特色的阿姚的房子就这样诞生了。加上阿姚热爱音乐，在客栈一楼放置了许多乐器，以供游客们在这里以音乐会友（图6–2）。

图6–2 音乐会友

4. 客栈特色

（1）客房特色

客栈的客房属于主题客房，12间客房大多采用曲牌名命名，客房的风格与客房的名字相呼应（表6–1，图6–3 ~ 图6–8）。

表6–1 房间风格

房间名称	特色
月照庭	大窗户，能让月光照进来
子夜歌	内有经典的青花元素，王母瑶池，夜夜笙歌

续表

房间名称	特色
滚绣球	古代的木头架子床，房内挂着一个大绣球，浓浓的地方特色
西窗烛	蓝花布元素装饰，前有独立江南风格园林庭院，鸟语花香
天上谣	房顶有丝绸装饰，仿若天上的云霞
热炕头	老婆孩子热炕头，东北味十足
踏莎行	古代正房，冬暖夏凉
乐三叠	好友三人行，其乐融融
集贤宾	五张客床，好友相聚，彻夜长谈
耍孩儿	一家人出游，不二选择的亲子房
凭阑人	房间外是一处围栏，可凭栏观景
穿窗月	月色透过窗户柔柔地洒在床前

图6-3　热炕头

图6-4　踏莎行

图6-5　耍孩儿

图6-6　滚绣球

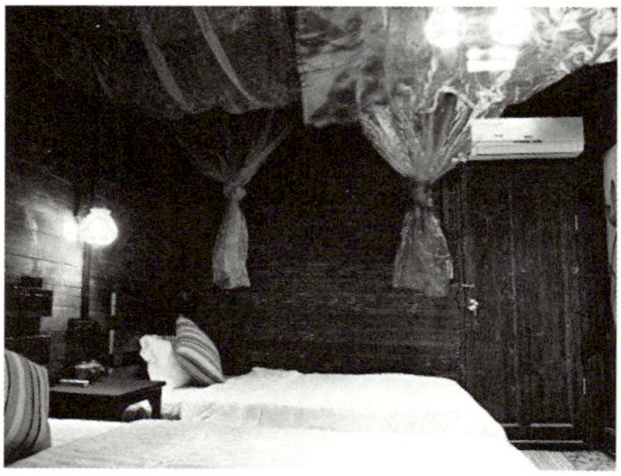

图6-7　天上谣

图6-8　西窗烛

（2）庭院特色

客栈中的庭院，是这座老房子原来的院子，一共有两个。两个院子用一道圆形的门隔开，圆形的石门将后面院子的景色框住，两个院子的修葺都采用了造园手法中的框景，外面的院子利用圆门将里面的院子框住，院子中间放置着一个小磨盘，上面种着植物，院子里种满了各种植物。里面的院子也有框景的元素，里面的院子将一些植物作为观赏对象，框进了一扇类似扇形的窗户内，院子楼梯下面则摆着一个秋千，秋千上缠绕着藤蔓。整个院子上方也被藤蔓覆盖，只有些许的缝隙将阳光露进来，客人们闲暇时可以在秋千上看看书、听听音乐，享受着惬意的生活（图6-9、图6-10）。

图6-9　庭院1

图6-10　庭院2

（3）厅堂特色

整个厅堂划分为3个部分。

①收银区。收银区在厅堂的左前方，面积不大，有收银台、电脑等配置。收银台的修建与客栈整体风格相近，柜台上的装饰物十分复古，虎头鞋、连环画、八九十年代的书籍等，浓浓的怀旧情景（图6–11）。

②音乐区。音乐区位于厅堂的左后方，客栈老板十分喜爱音乐，以音乐会友是客栈的主题，这在黄姚算是比较新颖独特的。不论是客栈的房客还是黄姚的游客都可以参与音乐会，一展自己对音乐的热情，拉近彼此的距离，游客可以在这里尽情享受音乐带来的快乐。音乐区里放置了不同种类的乐器，最明显的就是那架钢琴和那把吉他，还有手鼓、尤克里里等，能基本满足不同地方的客人对音乐的追求（图6–12）。

③休憩区。这个区域在厅堂右边。区域内放置着木头桌椅，客人们可以在此休息，也可以将这里作为观众席，在这里静静感受音乐的魅力，交流旅途趣事。休憩区的墙上挂着中国的国粹戏剧脸谱和一些民族风的布帛作为装饰（图6–13）。

5. 客栈休闲区域

阿姚的房子是黄姚一家比较有特点的民宿，店里摆放的乐器可供游客们使用，客栈也为游客们提供了挥洒音乐热情的地方。

除此之外，二楼的榻榻米阳台是集休闲娱乐功能于一体的公共空间。在这里可观赏庭院风景，可看书谈心，可赏月听雨（图6–14）。

图6-11　柜台一角

图6-12　音乐区

图6-13　休憩区

图6-14　榻榻米阳台

第二节　偶然间客栈

一、民宿简介

偶然间客栈位于黄姚古镇的核心区域，客栈正门外就是古朴的古镇街景。从正门步行10余步再登上一段阶梯，来到观景台，就可以俯瞰古镇全景。客栈旁便是古镇非常具有代表性的，也是游客、摄影爱好者喜欢拍摄的景点之一——古老的带龙桥。带龙桥桥头有一棵古榕，就像一位祥和的老人坐在岸边休憩，带龙桥的静与流水的动相结合，民居坐落在两岸，青石砌成的小桥连接着两岸，远看就是一幅“枯藤老树昏鸦、小桥流水人家”的幽静画面。客栈共有10个风情各异的房间，每个房间都别具一格，设施齐全，服务热忱。客栈提供的服务主要有住宿、酒吧、咖啡厅，以及自主餐饮。客栈主体为明清时期建筑，后期进行内部装修，改造成民宿客栈。之后每四年进行一次整体改造，都是截然不同的风格。整个客栈由两座主建筑构成，两座建筑由客栈大门和客房连接，似一座小型四合院。整个客栈一楼左侧为前台和大厅，一楼右侧和二楼为客房。房间通透明亮，打开窗就能欣赏安静祥宁的古镇风光。偶然间客栈个性鲜明，小巧精致，呈现一片属于自由人的小天空，夹杂着一种神奇幽怨的色彩（图6-15、图6-16）。

图6-15　偶然间客栈外观

图6-16　偶然间客栈远景

二、民宿特色

1. 名字来源

“偶然”指不经常发生，没有可预见性，忽然出现或发生。偶然间客栈是电影《面纱》取景地之一。男女主人公在古镇相处的时间里，彼此放下了对对方的偏见，得到了真正的交心，在这里他们寻找到了一直努力寻求的爱情。“偶然间客栈”名字的来源，世间所有的相遇皆偶然，客栈主人取名“偶然间”，是希望前来古镇的游客朋友，能在古镇的某一条街，某一个转角或某一个院落，偶然间邂逅一段坚贞不渝的爱情或相遇一个志同道合的知己。

2. 核心主题及文化

偶然间客栈以“外婆家”为核心主题，以当地民族文化为基础，融合了其他少数民族文化。外婆家总是那么遥远，我们回外婆家的时间总是少而短暂，偶然间客栈就像我们远方外婆的家。客栈主人游历过很多少数民族地区。在旅游中发现，不同地区的民族风情和特色都不一样，便以黄姚当地文化为主，再与其他地区民族别样的风情和特色文化相结合，融入客栈的设计中，再加上客栈主人独特的风格构思，打造了偶然间客栈以“外婆家”为主题形象的客栈文化，让五湖四海前来古镇旅游的朋友，入住偶然间客栈时，都能感受到其本地的文化气息，就像久时不归的远方“外婆家”，让身处异地游子也能感受到远方家的味道和家的温馨。

3. 设计理念

黄姚古镇的主要客源市场是珠江三角洲地区和广西本地。而偶然间客栈的市场人群是游客中对乡村文化、历史文化和民俗文化有一定深入了解的市场人群。在客栈设计理念上凸显了当地特色文化，如，整体建筑保留当地建筑的原始风貌；正门客栈标识牌体现了当地的牌匾文化；古老的煤油灯；房间装配挂件使用当地民族艺术品；室内摆设黄姚旧时器具——鱼篓、杯器、农具等；精美的当地木质雕刻工艺品。整体和细节设计，全都以使用环保材料为前提，不破坏环境和客栈原有的古风古貌，保证客栈的原汁原味当地特色（图6–17、图6–18）。

图6-17　煤油灯

图6-18　鱼篓

4. 客房特色

客栈位于黄姚代表性景点带龙桥旁，面向古镇街道，风景独好，视野开阔。每个房间打开窗都能欣赏到外面的风景，10间客房，每间都以古代单体建筑名称的形式取了特别有诗意的名字，如倚月楼、听雨轩、紫纱苑……房间干净整洁，窗明几净，幽雅舒适。每个客房的布置也截然不同，整体为民宿风格，同时融入了现代元素。让客人每次入住，都能有不一样的体验（表6–2，图6–19～图6–23）。

表6–2　客房特色表

房间名称	特色
水云间	榻榻米竹编茶座，少数民族风格的抱枕，鲤鱼戏游荷塘壁纸，床边现代简约书架，民族风防滑垫
锦绣园	温暖的棕色怀旧色调，方形红木茶座，简约床头柜，榻榻米床，亲子郊游油画
引凤台	欧式风格吊灯，少女油画，壁柜电视、几何多边形书柜，浪漫紫色帷幔，长方形红木茶几，少数民族少女服饰挂帘

续表

房间名称	特色
倚月楼	鸡蛋形藤圈椅，欧式简约吊灯，欧式小抱枕，几何形壁柜，粉色浪漫帷幔，复古小壁灯，少数民族麻制工艺品挂件
晴芳阁	欧式沙发，欧式宫廷灯，绿色花植
会友居	中式宫灯，榻榻米床、桌，水彩壁画
紫纱苑	紫色浪漫情怀，榻榻米麻织茶座，小阳台，窗外庭院景色
红袖招	窗外带龙桥风景，榻榻米麻织茶桌
天涯客	现代化温暖欢快色调，大空间，藤凳，带龙桥旁
听雨轩	客栈主人使用

图6-19　水云间

图6-20　倚月楼

图6-21　会友居

图6-22　红袖招

图6-23　天涯客

5. 庭院特色

进入客栈正门便是小巧别致的农家小庭院。由墨青色青石板铺成的地面，与青砖砌的墙面相呼应。经历了千百年的风吹雨打，给客栈更增添了一份年代感。客栈的主人在庭院里种植着各式各样的盆栽、绿植。庭院里的花藤爬满了青砖墙，绕着梁柱，穿过房门，垂在窗外。客人打开窗或走出房门就能感受到自然的气息，不仅能获得视觉上的美感，更能放松身心，享受美好的一天。青砖墙上还挂着京剧脸谱，生、旦、净、末、丑表现了各式人物的性格和特征。平日的工作生活中，我们就像舞台上的演员，在自己的脸上不断变化脸谱，扮演着各种各样的角色，甚至扮演着自己不喜欢的样子。在这里，我们可以做最真实、最自信的自己。脸谱还代表了“守护神”，守护着客栈、守护着古镇和村民不被乱世污染，守护着古镇的古朴幽静，人们的纯洁心灵。

小院里还有很多点睛的细节设计，如，复古的欧式灯、精美的水彩画、仿木的石桌椅……约三五位好友，坐在小庭院里喝喝茶、聊聊天、赏赏花，待微风吹过，闭上眼睛，聆听悦耳的风铃声，沐浴午后的阳光，是多么惬意的时光。整个庭院的设计呈现出一种野趣，庭院虽小，但空间错落有致，细节装配设计别出心裁（图6–24 ~ 图6–27）。

图6-24　庭院1

图6-25　庭院2

图6-26　仿木石桌椅

图6-27　庭院小风铃

6. 厅堂特色

客栈前厅在一楼，有前台、酒吧和咖啡厅。前台设计独树一帜，与其他客栈的设计完全不同，是酒吧风格，既用来接待游客入住，又用作酒吧吧台，为游客提供各种酒水饮料。前台还温馨地贴有黄姚至市区的车讯以及需订车去火车站的联系电话等（图6–28）。前厅的墙是用青砖砌成的，保留了原始韵味，墙上挂着很多形态各异的木雕和名人画像，还有一幅大型海报画，画里身着宴会服装的人们在聚会。前台左边是一个书柜，里面有各种书籍，客人可以自由翻阅。前台对面设有木制长桌椅，竹子编制的灯罩，在暗暗的灯光下显得别有情调。前厅摆放了很多盆栽，让人赏心悦目。白天这里是咖啡厅，大部分客人都出去游玩了，喜欢安静的朋友，可以坐在这里喝喝

图6-28　前台1

咖啡，看看书，享受舒适的时光。晚上这里摇身一变，成了酒吧，客人们跟着动感的灯光和音乐，喝着小酒，尽情嗨唱，赶走了白日的疲惫，释放沉重的压力。为了与古镇的宁静相契合，客栈近期已取消了酒吧夜晚嗨歌项目，让游客能更放松更静心地感受古镇的魅力（图6-29、图6-30）。

图6-29　前台2

图6-30　咖啡厅

7. 标识系统特色

偶然间客栈的标识系统为静态标识，大多是木质标识牌和纸质标识牌。将标识系统的设计与客栈的整体形象相呼应，以简单明了、人性化为主要设计原则，再加以装饰，使其更具有形象性。

（1）客栈名称标识牌。采用木质材料制作的牌匾，楷体凸起文字标明“偶然间客栈”。红木制牌匾和楷体文字，使游客一眼就觉得来到了古时人家的住处。木质标示牌与客栈桌椅相统一，和谐搭配，相互辉映。

（2）客房供求情况标识牌。以对联的形式在门口右边挂有提示客房供求情况的红木制月牙形牌匾，采用翻转式变换方式，满房时翻转至“今日满房”，有房时翻转至“今日有房”。简单方便，又能吸引游客关注客栈今日是否有房提供（图6-31）。

（3）客栈服务项目和联系方式标识牌。红木制大牌匾，以对联的形式设在门口左边，分区刻有凸起的土黄色楷体文字，简单明了地标识了偶然间客栈提供的服务项目和联系方式。

（4）房间门牌。当地木质小方形门牌，采用古代繁体字刻写房间名称，与其楼、阁、轩等命名的房间名称相呼应，门牌上还刻画有少数民族元素的符号，小巧精致，同时具有装饰效果（图6-32）。

（5）安全警告标识牌。“灭火器标识牌”由红色背景、黄色中英文字体和

图6-31　供求标识牌

图6-32　房间门牌

灭火器形象标志；“有电危险”标识牌和“小心触电”标识牌，都有中英文提示和电流形象标志。红色在众多颜色中最为醒目，具有传递禁止和危险提示的作用。“监控系统标识牌”，整体围绕公安形象设计，设有“警察”和“警徽”等标志，给可能心生恶念的人警示作用，更强有力地避免和杜绝安全事故发生。

（6）客房注意事项标识牌。采用与房间木质墙壁相近颜色的纸张，整体使用紫红色字体写明房间使用的注意事项，不会让标识牌在房间里过于突兀，又能引起游客的注意。

（7）退房规定标识牌。明确写明了酒店退房的规定，多色可爱的字体，不会让人觉得生硬刻板。

（8）交通车讯标识牌。

第三节　秘密花园客栈

一、民宿简介

秘密花园客栈原为抗日战争时期的科学家高士其的故居，位于安乐街，依山傍水，处于峭壁之上，对面是古镇著名的宝珠山、宝珠亭，中间一条溪水穿流而过。整个客栈被真武山、龙爪榕树、鲤鱼跳龙门、一孔之固等景点包围，是闹中取静的好位置。清晨有鸟儿鸣啼，深夜有蛙声虫吟，“驴友”们可以枕着溪流入眠，伴着初阳醒来。客栈保留了故居的原有模样，是三层半的结构，一共有12间客房，因不同位置而有着不一样体验，是古镇少有的高楼。随着楼层的增加，视野逐渐开阔，豁然开朗，顶层饲养了两只孔雀。客人在上面可以俯瞰黄姚，感受古镇的古风古韵。因此，秘密花园客栈曾荣获“黄姚古镇5星体验感客栈”和“广西壮族自治区最美音乐客栈”称号（图6–33、图6–34）。

图6-33　秘密花园大门

图6-34　秘密花园外观

二、客栈由来

客栈的掌柜是福建人，在广东做生意，厌倦了繁华都市的快节奏生活，偶然邂逅黄姚，从此心心念念，难以忘怀……古镇的静谧氛围、清新空气、和睦的人文气息，让掌柜一夜之间就忘记了心中所有烦恼，心情顿然舒畅。这里就是一片净土，是人在奋斗路上的休息站，就此掌柜萌生了从事民宿行业的想法，并扎根于此。

秘密花园客栈的前面是一个高约5米的悬崖，悬崖下是一条小河。这样的地理位置，原想将民宿称之为“悬崖上”，但是考虑到常有外国友人来访，“悬崖上”这几个字翻译成英文比较复杂，因此改成“秘密花园”。原因有两点：一是想把民宿经营成以花园为主题的民宿，让更多人们把烦恼与疲惫放下，去亲近去感受古镇中花园般的自然力量；二是“秘密花园”翻译成英文是“secret garden”，简单明了，易于记忆。

三、客栈的内外装饰特色

1. 客栈大门细节设计

客栈门口的对联使其与其他客栈相比，显得与众不同。对联用音乐符号来表示，意思是“发财发财发发财”，这与客栈有钢琴、吉他、非洲鼓等乐器是相关联的。因此，客栈的副主题就是“音乐”了，掌柜的初心也是想通过音乐拉近来自远方朋友们彼此的心，一起玩音乐一起歌唱，忘掉人生的烦恼与忧愁（图6-35～图6-37）。

图6-35　大门对联

图6-36　大厅乐器

图6-37　墙上装饰

客栈的牌匾是由一块原木板做成的，这与门外左边窗口旁挂在墙上的各式各样的小门牌是同一个主题——原生态，与楼上蔓延下来的藤蔓、周边的绿化相融合，形成一个充满神秘感的“花园”。绿中又带有几个红红的灯笼点缀，更显温馨。

2. 客栈大厅细节设计

一进门，映入眼帘的便是一幅名叫《江山如画》的山水画（图6-38），这

图6-38 《江山如画》

幅画是寒山老师留下的。寒山老师在黄姚待了十几天，白天出去写生，晚上在客栈一起聚会、玩音乐、畅饮，他感叹这里简直就是他向往的生活。

客栈的前台由原木和青砖青瓦组成，既有古宅模样又夹杂着现代风情的设计感，霎时间拉近了远方朋友心灵的距离，这是一种似乎回到老家一般的亲近感。前台挂着每个房间的木质名牌，像旧时的客栈，恍如隔世，忘记了今夕是何夕（图6-39、图6-40）。

图6-39　前台

图6-40　前台装饰

大厅整体风格保留了“故居”原有的模样，青砖墙，木横梁。家具多以原木为主，客栈的副主题是“音乐”，所以大厅摆放着钢琴、吉他、麦克风和非洲鼓等乐器，这样也给予了远方朋友一个玩音乐交朋友的平台，这无疑给客栈增添了别样的色彩。乐器旁的角落是远方朋友到此一游的合影留照，掌柜还会组织客人外出游玩探险，丰富民宿生活。

大厅还有一个“东北大炕”，大炕与房间里的大花窗帘、大花被子相互呼应，具有浓浓的北方气息，坐上炕头唠嗑，气氛一下就活跃起来了（图6-41～图6-44）。

3. 客栈房间特色

客栈房间的命名别具诗意。11间房名是根据不同位置和体验而得名，因名识房。客房的装饰和家具都是原木题材和“东北大花布”设计，灯光上采用亚光效果，光线柔和，更利于睡眠（图6-45～图6-48）。

图6-41　实木桌椅

图6-42　墙上装饰“日月星辰”

图6-43　东北大炕1

图6-44　东北大炕2

表6-3　房间名称一览表

房名	特色
鸟之语	聆听鸟语之最
琴之润	最靠近钢琴的房间，聆听钢琴曼妙之曲
水之音	最靠近崖边小河的房间，潺潺流水声带你入睡
虫之吟	最能聆听蛙虫缠绵之音
书之韵	此前为科学家“高士其”的房间，书香浓郁
亭之思	最靠近崖边小亭子的房间，亭台楼阁莫相思
风之谷	房间在崖边，谷风呼呼，令人神清气爽
山之奇	开窗就是“真武山”
月之恋	星辰夜空，看得见月亮，伴着月光长眠
花之舞	房间旁满是花朵与花香
星之梦	在客栈顶层，伴着满天星光入睡

图6-45　鸟之语

图6-46　水之音

图6-47　花之舞

图6-48　门牌

四、客栈服务特色

客栈的掌柜是一个热情、好客、善良、喜欢玩音乐的美女，喜欢广交朋友，所以跟游客打成一片也是秘密花园客栈的优势所在。掌柜经常组织大伙出去游玩，探索异地风情，丰富民宿生活，悉心照顾到每一位游客，供出独家制作的酿酒让游客品尝，增加了客人的体验感（图6-49～图6-52）。

图6-49　廊道1

图6-50　廊道2

图6-51　二楼观景台

图6-52　二楼小池

第四节　远方的家

一、民宿简介

“远方的家”地理位置十分优越，位于安乐街（鲤鱼街）094号，是百年老宅子修建而成的，坐落在古镇风景区的中心区段。客栈左边是黄姚地标带龙桥，潺潺的姚江绕着边上过，右边是睡仙榕，热闹的鲤鱼街上游客熙熙攘攘，吃喝玩乐都很便捷。

客栈已有十多年的历史，于2013年更名为“远方的家”，并在2015年迅速发展成为游客喜爱的、独具特色的民宿。

客栈门前花团锦簇，争奇斗艳的三角梅从老房子里探出头来，俏皮地观望着古镇的兴衰，爬山虎绿油油地爬满了墙头，更增添了客栈的诗情画意。院子里，三只萌宠懒洋洋地或躺或漫步走着，引得无数帅男靓女驻足拍照。客栈庭院幽幽，总共三层，一楼是舒适休闲厅；二楼观景台可远眺可近观，是观山水、赏日出日落的极好位置，任凭演绎怀旧梦幻时光。在远方的家，坐观整个古镇小桥流水人家的诗情画意，感受浓郁氛围的古镇情怀（图6–53、图6–54）。

客栈融入了佛教文化和贺州市的长寿文化。贺州是世界长寿之乡，走进客栈大门，首先看到一尊实木寿星老子像，和蔼可亲，张开双臂迎接八方客人，来到这里就像是回到自己家，“远方的家”在等待远方到来的客人（图6–55）。老子强调朴素的辩证法，天下万事万物生于有，而有又生于无，尊重自然、顺其自然，对一切事物都不强求，也是店家待客之道。到来的就是客人，不争不抢不气不怒，能控制自己的情绪才是顺其自然的核心，这也是客栈的企业文化。

客栈室内主要以独特的设计和优美的环境体现出乡土情怀。入门第一个厅堂比较宽敞，茶具、挂件、前台、门窗，相得益彰；通过天井到第二个厅，厅

图6–53　远方的家外观

图6–54　鲤鱼街景

图6-55　老子雕像

图6-56　木质茶具

里提供禅书棋茶，足够给客人放松自己，整个设计去掉了酒店的豪华装饰，全部是原木家具，返璞归真，围绕“家”的主题，空间简约，不但给客人营造一种地域色彩，还满足客人回归自然的情感需求（图6-56、图6-57）。

穿过大厅是另一个公共客厅，厅堂正中挂着一幅“佛”字画，画中间的佛字形似一个小孩屈膝跪在母亲的身边，像是做错事情的小孩更像是一个失意的人，但是，母亲在即家在，即使失意也不要忘记自己的初心，不忘初心方得始终（图6-58）。

穿过客厅来到后面的庭院，女主人很用心地布置了院子，翠绿的藤蔓树木，别致的盆栽小花儿、鹅卵石的小径、石桌石凳和摇椅，像是闯入了森林深处的世外田园一样，坐在摇椅上品茶、发呆，简直美极了，把工作上生活上的烦恼统统抛到九霄云外，享受当下短暂的慵懒时光（图6-59）。

图6-57　厅堂

图6-58　佛字墙画

图6-59　后花园

二、民宿特色

1. 名字来源

远方的家名字有两个由来，女主人是一个很健谈且温婉的人，她的经营理念是：心安处，即是家。用心把客栈经营成家的样子，而不单单是住宿的地方，客栈此处心安是吾家嘛，“远方的家”其实一直都在你身边（图6–60）。

图6–60　俯瞰风景

女主人是福建人，来了即决定留下了。待在自己喜欢的地方，做自己喜欢的事情，随性把客栈经营成自己想要的样子，现在的她就像是一个地地道道的当地人，所以客栈也是她自己远方的家。

客栈养着三只宠物，它们是一家人，长得很相似，惹得很多游人住客和它们拍照留影。它们也是默默守护着这个家，让这个“远方的家”更加有韵味。在黄姚古镇里面，小狗是最常见的动物，这些小狗没有乡下土狗那么凶恶，也不似城里宠物狗那么骄气（图6–61、图6–62）。

图6–61　小宠物

图6–62　看家宠物

2. 设计理念

因为女主人是一个有创意有想法的人，2013年客栈开业以来，她一直秉着把喜欢的事情做好的理念，坚韧、用心地做了下来。有时候，她怕游客找不到地方，就走出去迎接客人，并且热情地给客人介绍黄姚的特色和文化，推荐一些好吃好玩的地方。就是这样一个乐于分享的女主人，让客人们在离家千里的小镇里有了家的感觉，把客栈打造成远方的家。

3. 客房特色、庭院特色、厅堂特色、标识系统特色等

世界那么大，大家能相遇真的很不容易，古镇民宿众多，能选择“远方的家”也不容易，总之，是缘分让大家在远方的家相遇。因此，装饰房间和命名时，主人花了许多心思，现在的每个房间都各具特色，房间的名字也别具一格。客栈上下三层共11间客房，就有8个房间名字里带有“缘”字（图6-63～图6-69）。

图6-63　道缘阁

图6-64　惜缘阁

图6-65　礼缘居

图6-66　心缘轩

图6-67　燕飞阁

图6-68　二楼休闲区

图6-69　品茶区

表6-4　　　　　房间名称一览表

名称	特色
礼缘居	古朴典雅中带有小清新
千里居	一尘不染的墙壁和抽象派挂画的色彩对比
玉心斋	有窗，可以看到外面的景
公缘轩	有窗，贴很多可爱图片
艺缘轩	有窗，房间明亮
心缘轩	全房触目所及都是木质
兰缘坊	有窗，南北通透
惜缘舍	暖色系房间，吊椅配套
道缘阁	古朴装饰，具有地方民俗特色的雕花
缘缘居	内置吊椅，装饰较多
燕飞阁	四床，适合几个好朋友一起过来玩的时候住一起

第五节　水墨客栈

一、民宿简介

图6-70　客栈大门

水墨客栈位于古镇天然街，镇政府正对面西门楼后，郭家大院和太平门附近，交通十分便利。郭家大院是黄姚古镇平地庭院式建筑的代表，游客必去的打卡景点之一。庭院的一砖一瓦都是经过人工特制、打磨的，其前厅和主宅之间有一庭院，两侧各有一圆拱门，右边圆拱门设有灵巧的防盗机关，门头上安有隐蔽木制防盗插锁，可以在里边随意开关。门两边的侧房还安装有防止挖墙偷盗的木柱，设计巧妙，游客络绎不绝。水墨客栈共有18个各具特色的房间，客栈布局由前门明清建筑到后门近代建筑距离长余150米，一步一景，处处是惊喜，三进三出，后门通向湖边，小桥流水人家，曲径幽深，别有洞天。客栈的一楼主要是公共区域，二楼三楼为客房，主要是湖畔式观景，拥有古镇唯一的湖畔三层观景台，可以在这里喝茶聊天赏花看月，颇具味道。客栈空间的色彩主要以青砖黑瓦的灰黑色调、枯枝原木的黄褐色调以及白水泥的白色调为主，表现空间环境传达出古朴素雅、沉着静逸的感觉。大面积的低纯度色彩容易让人心境平和、舒适愉悦，黑白灰明度又能拉开层次，使得空间更加的意境深远。

二、民宿特点

1.　名字来源

店家自身学习过美术，拥有深厚的美术功底，对水墨山水画情有独钟。古镇的生活就像坐在摇椅上慢慢地摇，总是安静、舒适、悠闲，那么不慌不忙。

小桥、流水、古树，光滑的青石板、镌刻了岁月沧桑的门、悠长而寂寥的长巷……客栈景色伴随着湖畔山峰，山气袭来，烟雾氤氲缭绕，宛若一幅自然缔造的水墨画。客栈因此得名，旨在糅合大自然馈赠的艺术气息，打造一个宜居的艺术空间。水墨客栈如其名，儒雅别致，充满艺术气息，与黄姚古镇的氛围融为一体（图6–71、图6–72）。

图6–71　小天台

图6–72　小天台景色

2. 设计理念

客栈在保留传统建筑样式的同时又将现代艺术理念、中国传统文化融入其中。水墨客栈的前身是一座残垣断壁的三进古宅，共5座建筑，前后纵深百余米，曲径幽深，后经店家别出心裁的装修设计后，最终呈现出现在看到的景象：古色古香的木屋梁和木板地，席地而坐的茶席，敞亮通透的落地窗，小巧精致的天台，以及贴心准备的水彩画板。用原生态的自然物装饰，随之搭配艺术作品打造房间，素雅质朴的氛围令居住者畅然舒心，随心摆放的枯山水装点着庭院，增添了几许山川湖泊的气息，屋顶有可饱览黄姚景色的大型观景台，不同的时刻会有不同的惊喜。客栈整体给人以亲切、淡雅、艺术的感觉，这是水墨的主基调，“水墨”是一种生活，艺术地生活着，把艺术融入生活，在艺术中得到自由（图6–73 ~ 图6–75）。

3. 庭院特色

手工艺品：庭院墙上每个角落都陈列着各具特色的水墨画、陶艺、雕塑等，不定期会有店家的朋友前来进行艺术创作，亦期待着同道之人在此相遇相知，碰撞思想，互相升华。庭院意趣盎然，满室墨韵馨香，处处都浸润着艺术气息。

图6-73　小天台

图6-74　休闲区

图6-75　室内茶席

枯山水：在客栈庭院中的一角处呈现出这样的景色，采用日本缩微式园林景观，庭院与建筑的联系在空间上互相渗透、延伸，小面积的园林内容极简约、低调，石块象征山峦，白沙象征湖海，线条表示水纹，配置少量的乔灌木，如一幅留白的山水画卷。

水池：融入中国古典园林的基本要素——理水、植物、建筑（厅堂、画廊、阁楼）。花木犹如山峦之发，水景离开花木就会缺失美感，树木对创造园林气氛非常重要，再错落一些竹影，布上几件花台、盆景下可形成古朴幽深的意境。

圆拱门：融入中国古典园林构景的设计，客栈设计成圆拱门，拱门内外的景色是丰富多彩的，可以欣赏到各种自然形式的植物美。通过合理的植物配置，使得空间具有多层次，富有变化感，通过拱门外去欣赏曲径通幽、无穷无尽的画境和意境美（图6-76、图6-77）。

图6-76　庭院1

图6-77　庭院2

艺术画廊：客栈用走道式的方法将各房间连接起来，在走道一侧或两侧摆放了许多独具特色的手工艺品进行展示，有雕塑、水墨画、陶艺等，它为游览者提供观景的场所，是了解这个客栈文化的重要窗口，也可以提高游览者自身的审美（图6-78～图6-80）。

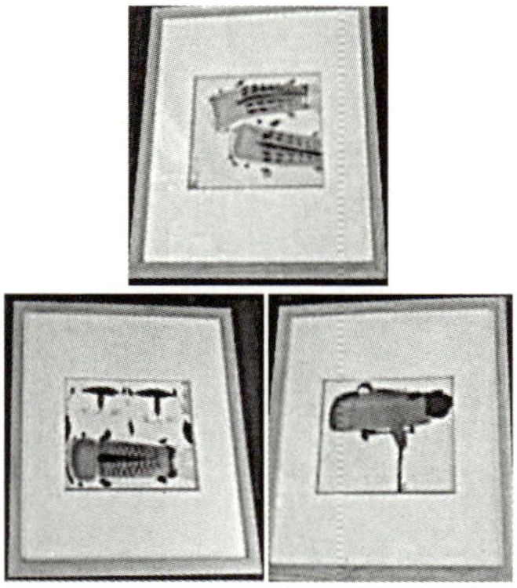

图6-78　挂画1

图6-79　挂画2

图6-80　陶艺装饰

其他：结合中国园林的构景手法来布置空间、组织空间、创造空间，以此来表达自然，使游览者渐入佳境，达到小中见大、步移景换的理想境界。客栈中主要使用了漏景、框景、借景的构景手法，产生不同画面感，使客栈增添了不少诗情画意的美感和意境（图6-81、图6-82）。

图6-81　框景1

图6-82　框景2

4. 厅堂特色

书画墨迹：笔情墨趣与客栈中的景色浑然交融，毛笔书画尽显格调，使得造园艺术更加典雅完美。客栈厅堂内布置了一些人物画、花草画、匾额等。厅堂正中的匾额上面写着“进士”二字，下面放着两把古色古香的椅子，这样的布局表现了博大精深的中国传统文化，借以烘托厅堂古奥肃穆的氛围。摆放一张写毛笔字的书桌，在休憩时，可以练练书法，陶冶情操。这样的厅堂散发着浓厚的书香气息（图6-83、图6-84）。

图6-83　厅堂匾额

图6-84　厅内摆设

5. 客房特色

室内设计方面：自然文艺淡雅，光线充足，为了在室内设计中融入客栈独特的文化——亲切、文艺、素雅，因此在室内装饰方面，客房内每个房间的墙上都挂着水墨画。客栈室内空间的用材与建筑、景观形成统一协调的关系，为了让更多的阳光进入房间，原建筑窗面积尽可能地加大了。同时客栈也加强了室内风景的装饰，天花板的设计也各有特色，所用材料为麦秆、竹子、草席，显得质朴与自然。

客房名字：客房的名字每个都不一样，参照了水墨画颜料命名，如琉璃、朱砂、殷红、胭脂、绛紫、紫檀、黛绿、柳绿、群青、竹青、藏蓝、乌金、茶白、月白、鎏金、玄黑等，与客栈的水墨文化息息相关（图6-85、图6-86）。

图6-85　客房1

图6-86　客房2

6. 其他方面

在公共空间环境设计上充分体现对人的关怀。客栈的公共空间充足，空间大小适宜，可供游客活动。公众交流的空间稳定，客栈提供了休闲娱乐空间，如茶室、艺术品画廊、360度观景台、艺术会议室、湖畔咖啡厅等。还设置较完善的公共设施，如景观桌椅以及各种艺术灯具、标志标牌等，让游客在公共空间得到一定安全感，在这个空间中游客的身体和精神能够得到彻底放松。

充分地接触自然，表现自然。在现代社会这种高强度的工作、学习、生活压力下，人们渴望亲近自然。客栈在设计时尽可能地增加植物搭配，让建筑与自然和谐共处，将自然的美延伸于客栈的每个角落，让游客充分亲近自然，感受自然。

体现地域特色文化。在设计公共区域时，客栈首先保留部分原有的建筑，对它进行保留维护，其次运用地域性建筑的独特元素进行创新，将这些元素（如穿斗式结构、夯土墙等）运用简化、抽象以及材料替换等手法，结合现代技术赋予传统建筑新的生命（图6-87～图6-92）。

图6-87　吊篮图

图6-88　观景台

图6-89　庭园

图6-90　客栈名片

图6-91　书架图

图6-92　茶室

第六节　隆安客栈

一、民宿简介

古朴的隆安客栈位于黄姚古镇八大景之一的“小桥流水人家”之畔，坐落在古镇的带龙桥边上，与老街一桥之隔，左边是老板侄子开的带龙桥头饭店，右边毗邻偶然间客栈，门前有一棵百年古树，树荫下是一片休憩石墩，石墩下是潺潺的姚江。大榕树下，小桥流水，凉风习习，农家菜肴，鸡狗绕席，好不惬意！客栈是一栋古老砖木结构的建筑，有300多年的历史，现在生活着三代人。外墙外部是青砖黛瓦，内部结构是木制楼阁，地板是青砖铺织而成，青砖黑瓦莫不彰显黄姚风情。隆安客栈共有17个独具特色的客房，客栈有两栋靠近姚江的三层前楼，后楼为主楼，接待客人且住宿接待前台在后楼，中间围成一个小廊院，鲜花、绿叶点缀其间。整个客栈的房间设计都以黄姚特有的景点名称命名，房间内的设计与房间相呼应。在这里可以体验原生态的建筑与古镇小桥流水、明清建筑、长街曲巷、黛瓦粉墙、亭台楼阁相应的景色，民风淳朴（图6–93）。你来，锦上添花，你走，怎可舍得！

二、民宿特点

1. 名字来源

隆安客栈名称中，“隆”有兴隆、昌盛之意；“安”有平静、稳定、满意的

图6-93　客栈外观及休闲区

意思。这是一个你来了就会感到安心的地方。

2. 文化内涵

隆安客栈融入了黄姚当地的特色文化，整个客栈以一种新的形式演绎了黄姚文化。有著名的黄姚八大景中的七景：文阁清岚、螺蛐秋云、天然风景、盘道石鱼、游岩倦迹、珠江月夜、兴宁风光。二十四小景中的十景：上岸石龟、小桥流水、石跳桥、仙人古井、山骨水液、明月清风、武锋常绿、下山石蛇、睡仙奇迹、宝刹晚霞。隆安客栈的设计者将这十七景搬进了客栈，成为客栈的一部分，让客栈无处不为客人展现一幅幅黄姚佳景，为客人描绘一幅幅黄姚梦境。

隆安客栈就是黄姚的一部分，黄姚就在隆安客栈里，文化核心也就是黄姚。隆安客栈把黄姚的文化做了很好的融合，除了秀美的自然美景还有岭南风格的建筑，还包括当时抗日战争时期留下的旧物。

民国时期，作家张锡昌在此居住过一段时间，墙上还有当时留下的文化旧迹。走进隆安，如同走进了民国，穿越历史长河，缓缓向您诉说着曾经的故事。

3. 设计理念

首先，隆安的内部布置处处体现着怀旧思想，亭台楼阁古色古香，是爷爷奶奶老一辈人记忆中的场景。客栈完整地保留了房子的原貌，屋内设施多为原有的旧物，入门即可闻到扑鼻而来的陈木清香。

其次，客栈融入了黄姚的本土文化，用客栈房间的风格为顾客展现新的黄姚风情。

4. 客房特色

所有的客房都是以黄姚当地著名景点命名，并根据景点的特色布置（表6–5、图6–94、图6–95）。

表6–5　　隆安客栈房间特色

房间名称	房间特色
文阁清岚	简单原木风格和简约的半圆几何元素碰撞民族风情
螺蚰秋云	精小陈旧的古木桌，大朵红印花桌布搭配一束鲜花，复古而美丽
仙人古井	仿古的宫灯，简单的中国风艺术画，与民族风的完美搭配
山骨水液	打开窗就能迎接早晨的第一束阳光，床头一幅迎客松点缀其间
天然风景	差次摆放的床，欧式简约吊灯、暗灯。浓烈的欧洲视觉感，中式房子的中西合璧
盘道石鱼	磨损的矮凳，不做修饰的青砖，热情火辣的仿壮族风情织锦
游岩倦迹	纯木的新装修，倾斜又矮的天花板，性感火辣的美女挂画与原木风格相交融
上岸石龟	壮族服饰的深蓝色基调，搭配西式白光花型床灯，柔和香槟色窗帘带来温馨感
小桥流水	黄姚八景之一的“小桥流水”水墨画使得这间客房与众不同
石跳桥	作为亲子间，儿童床上挂有跳脱而具有年代感的卡通画，父母床挂有象征爱情的十字绣，满满的都是亲子趣味
珠江月夜	卡通床让房间充满孩子味，简单的黄光长柱吊灯带来温柔的夜晚
兴宁风光	床就在窗户边上，只要你愿意，翻身就能看到黄姚的美景
明月清风	红色是基础色，喜庆的气氛欢迎你回家，大朵的红花也爬上床头
武锋常绿	长幅的黄姚美景水墨画作为壁纸，使水墨黄姚就在眼前
下山石蛇	裸露的泥墙装上暗灯，泥墙也变成一幅美景。胭脂红的绣花枕与暗红的天花墙体也是美不可言
睡仙奇迹	风格清新的小窗户和“躲着”的暗格，处处都有惊喜
宝刹晚霞	精巧的暗窗，复古的宫灯与竹编小灯搭配，外挂一幅才华横溢的书法作品

图6-94　客房1

图6-95　客房2

5. 庭院特色

隆安客栈内部并无庭院，只有两楼之间间隔的通道较为宽大，有一张石桌和几只石凳，其余为道路，中间点缀有花草。客栈门口是小巧的菊科花与大枝的紫色三角梅，矮丛多叶的绿叶灌木，古朴的门有门花装饰（图6–96、图6–97）。

图6-96　庭园装饰

图6-97　客栈内门

6. 厅堂特色

厅堂包括吧台服务处、两张实木长桌、摇椅、留言墙、挂画、挂字等。厅堂在一楼，走进庭院转弯即可看到。厅堂内随处可见旧版黄姚地图、书法作品、外出写生者留下的挂画等艺术品，处处展现着“怀旧”的氛围。

大块的留言墙也是厅堂内不可缺的一道风景，来过此处的客人在墙上留下她们的想法，静下心来，看着别人留下的言语也是一件极妙的事情。

地板由较大青石砖交错铺垫而成，历经三代，石砖已经变得较为光滑，破损的残角诉说着这里的点点滴滴（图6–98 ~ 图6–100）。

图6–98　厅堂一角

图6–99　留言墙

图6–100　怀旧物件

7. 标识系统

（1）隆安客栈的牌匾

外墙的客栈名称是漆红石板烫金字体，装饰彩灯；院内牌匾是当地的木制结构构成，红色字体符合客栈的复古气息。

（2）写生基地的标识

这里还是南宁市群众艺术馆黄姚写生创作基地、柳州市美术家协会黄姚写生基地、来宾市美术家协会黄姚写生基地、桂林理工大学博文学院黄姚写生创作基地，且挂有对应的牌匾。

（3）客栈荣誉

客栈老板为人热情，服务态度良好，获得2015年携程口碑榜最佳客栈民宿奖，上榜去哪儿网优选服务酒店。

8. **其他**

客栈内分内廊和外廊。向外的走廊挂着红灯笼，放着几盆大红的落地生根、芦荟等植物，虽然只能看到前楼的瓦檐，下雨时却能倚栏听雨。房屋布局中还有内廊，厚重的木头，奇巧的结构，融入中国传统文化使其成为一条艺术长廊。

内廊中有一个较为特色的吊灯，亚麻编织，交错缠绕在横梁上，宛如万头之蛇。屋门口摆放的梅花束，为走廊增加了一抹生机（图6–101、图6–102）。

图6–101　特色吊灯

图6–102　内廊

第七节　坡芽客栈

一、民宿简介

坡芽客栈位于黄姚古镇金德街54号，是一家以壮族文化为主题的民宿客栈，位于古镇著名景点三星楼（图6-103）内左边约30米处，地理环境优越，交通便利。坡芽客栈大门两旁花红草绿，门檐上覆盖着稻草，门两旁挂着两个大绣球，大厅内有壮锦、绣球和壮族文字，象征着壮族人民辛勤劳作的结晶，非常具有广西壮族民居的特点。客栈一共有9间具有壮族风情的房间，且每一个房间有不同的主题特色；客栈一楼是店家居住的地方，二楼三楼是客房，客栈里的每个房间都干净整洁，布局合理，房间透光性良好，使人感觉十分舒适。在这里，能充分感受壮族的民族特色，坡芽客栈还给人一种家的感觉。

图6-103　黄姚古镇三星楼

二、民宿特色

1. 名字和主题

店名是给消费者的第一印象，那么坡芽客栈的名字有什么特别意义呢？我们了解到，老板是壮族人，“坡芽”是壮族爱情歌曲里面的歌词，意思是开满黄饭花的山坡，寓意美好的生活，同时传递着老板的品位和情怀追求。

坡芽客栈是一家以壮族民俗风情为主题的民宿，融入了壮族的民俗文化。壮族人民在集中本民族民间文学、音乐、舞蹈、技艺的基础上，创造了壮族戏。铜鼓是壮族最有代表性的民间乐器。壮锦是壮族民间流传下来的一种独特的织锦艺术，已有一千年的发展史，与南京云锦、成都蜀锦、苏州宋锦并称“中国四大名锦”。店里面各种各样的壮族装饰品，充分展现了我国优秀的民族传统文化，这是一家集古朴与壮族风情于一体的客栈。在这里能体验到壮族民俗文化氛围，通过体验感知认同壮族文化的魅力（图6–104、图6–105）。

图6–104　坡芽客栈大门

图6–105　特产专区

2. 民宿建筑设计和特点

民宿跟星级酒店最大的不同在于其朴实、接地气。因此，民宿的装修一般以简单舒适为主，去除了繁华的装饰风格。坡芽客栈追求的是一种具有地方特色的环境氛围，每个区域都充满了独一无二的壮族特色，而这些极具魅力的壮族特色，对想了解壮族文化的游客来说具有极强的诱惑力。客人在这里解决的也不单单是住宿问题，还可能是传统文化的了解。

进入大门映入眼帘的是一幅壮族文字装饰壁挂传递情谊的绣球挂在两头，

顶部的吊灯非常像一个鸟笼，让人感觉回到了壮族农家的农舍。坡芽客栈的选色多是厚重的土木色，大面积的白色色调会显得单调，所以在适当的位置加入了一些跳跃的亮色显得更和谐（图6-106～图6-108）。

图6-106　大厅壮族文字

图6-107　大厅一角

图6-108　客房走廊

从楼梯上去就是客房，楼梯的结构是木制的，楼梯扶手上系着两个小绣球，转角处的角落放着两盆盆栽，显得生机十足。楼梯间放着一个圆形的装饰物，旁边还挂着一幅画，里面是铜鼓，铜鼓是壮族文化的一部分，鼓面是铜鼓装饰的重点部分，鼓面上有很多花纹，中心通常是太阳纹，外面一圈的装饰是晕纹。上到二楼，右侧有一个休闲区，空间不大，能容纳4、5个人，可供客人闲暇之时，喝喝饮料，看看书，聊聊天，放松心情，度过美好的一天（图6-109）。

3. 客房介绍

客房一共有9间，每一间都有各自的特点和主题特色，9个房间9个壮语寓意的名字，分别是：野芋、衣角卷、盐加酱、棉蓝、两双筷子、院中花、双生笋、同行、牵手。每个房间的布景设计都不一样，让游客感觉到他的任何一个选择都是独一无二的，增加了客人的归属感（图6-110）。

图6-109　公共休闲区

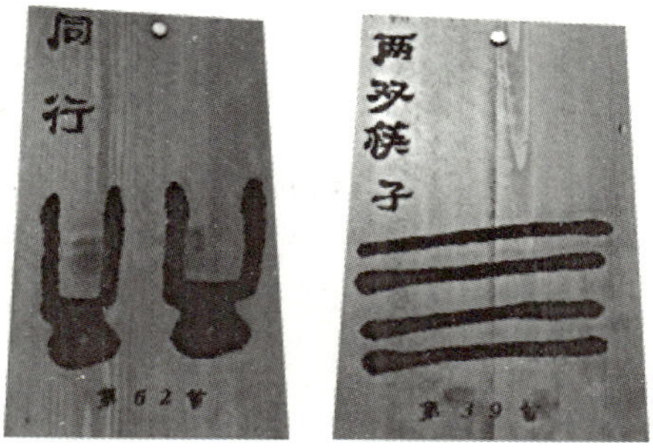

图6-110　客房门牌

房间面积平均20～30平方米，每间客房的设计都将壮族民俗风情和现代设计元素完美结合，房间内通透的玻璃窗，把阳光直接引入室内，窗外的美景是大自然最美好的馈赠。房间内的顶光和柔和的散射光，使室内空间更亲切自然。客房主要运用了壮锦、壮族绣球等元素，壮锦是壮族人民享有盛名的纺织工艺品。它用棉纱和五色丝绒织成，花纹图案别致，结实耐用。壮锦的生产，远在一千多年前的唐、宋时代已有记载（图6–111、图6–112）。

图6-111　客房1

图6-112　客房2

床上用品大量使用了壮锦图案，每一间客房上都有绣着壮锦纹样的床单和抱枕，还有绣球形状的吊灯，并挂着一幅壮族百姓日常生活的照片。民宿一直秉承“以客为先”的服务精神，确保客人入住的满意率、好感度，对每一个部分、每一个环节都严格要求，尽力做到完美。老板巧妙地将壮族风情的装饰融合在每一个细节上，像每一个挂钩、每一幅装饰画，古色古香的室内装饰，加上暖暖的灯光，整个客房都充满着浓浓的壮族风情，让客人可以享受到民族风情和高度舒适的服务（图6-113～图6-115）。

壮族的刘三姐是一个能歌善舞、心地善良的人，所以在壮乡，每一个女性都可以称为“阿姐”，坡芽的每间客房的门上都贴有阿姐的叮嘱，非常贴心的温馨提醒（图6-116）。

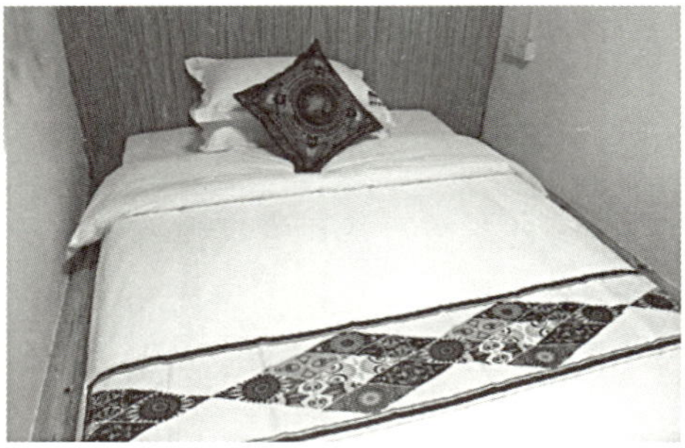

图6-113　客房1

图6-114　客房2

图6-115　壮锦台布

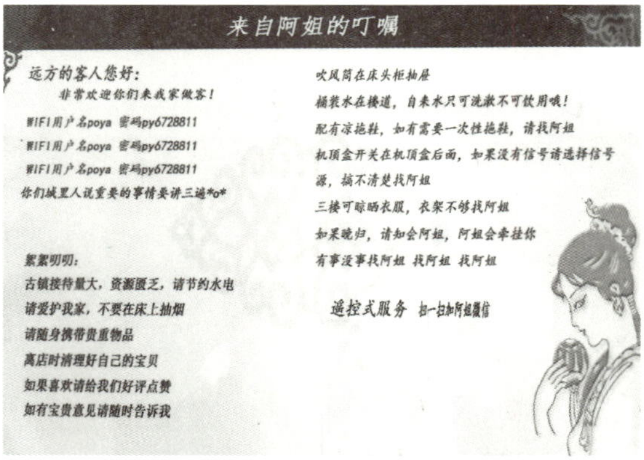

图6-116　阿姐的叮嘱

第八节　老财主客栈

一、民宿简介

老财主客栈位于黄姚古镇西侧门，郭家大院旁，西门保安亭对面，左侧是接龙社和国道，右侧是古镇景区。客栈门前两旁是藤蔓绿植和别致的盆栽。朝阳从客栈的正前方冉冉升起，夕阳在客栈的后方悄然落幕，客人可以通过楼上房间窗户欣赏早上的晨阳和傍晚的晚霞。老财主客栈是地主乡绅旧宅改建而成的，几百年砖瓦、古井、古树、石板街，让人们不由地停下脚步，在花香清新的庭院中，让心静静休息。客栈于2015年装修开业，店内共有3层楼，10间房，3种房型，每个房间都是古风古色的榻榻米风格，且都有个不小的落地窗，辅以暖色光线，十分明亮温馨，与古镇大多数的客栈相比，其优势不言而喻。在这里，我们可以感受古镇悠久的历史、静谧的环境以及独特的景色（图6-117）。

图6-117　客栈外观

二、民宿特色

1. 名字来源

据悉，“老财主”这个名字是以前流传下来的，大概因为客栈是由地主乡绅的旧宅改建而成，为纪念旧宅主人而命名。有几百年时光的砖瓦、古井、古树、石板街无一不体现着“古”这一字。

2. 核心文化

客栈以自身古老的建筑结构为基础，加以修葺，在观赏感受地主乡绅旧宅的古奢文化的部分遗迹与气息的前提下，加入大量的休闲文化元素，如精致小巧的石磨，青翠喜人的绿植，青砖与实木的嵌合搭配，古朴舒服的木具，随风微漾的藤叶，精美而别有洞天的庭院……在让顾客住的舒服的同时更是让顾客呆的舒心，注重人文体验、心灵熏陶。

3. 设计理念

客栈的设计理念就是客栈老板的初衷——回归，回归本心，回归自然。不论是客栈的整体结构，还是庭院的设计，无一不是以自然为主，古香古色的榻榻米风格、木质的家具与房子结构、随处可见的绿植与青石的和谐搭配使这个小型庭院显得生机盎然，穿过有些昏暗的大厅来到明亮静谧的庭园，让人颇有“柳暗花明又一村”之感，使人眼前一亮，仿佛置身于大自然中，清新舒适。

4. 客房、庭院、厅堂特色等

（1）客房（表6-6）

表6-6 房间名称与风格

房名	特色
蓬荜生辉	室外休闲区，编制休闲椅套组合，贴壁彩盘（图6-118）
吉星高照	挂式剪纸画、彩绘画，挂式纸筒灯
福禄双喜	镂空式石窗，挂壁式植物装饰
日进斗金	编制桌椅，挂式笼灯，原木地板
年年有余	矮方桌，半封式窗型置物格，彩绘中国风床具
福贵双全	编制软坐垫，台阶式原木地板
花开富贵	编制小圆桌，精致盆栽，扇形小夜灯，书法挂轴
鸿图大展	浓郁中国风方形茶桌，阁楼原木榻床
金玉满堂	编制软坐垫与矮桌组合，灯笼式挂灯，阁楼榻床组合，原木矮柜，挂壁剪纸画

（2）庭院特色

客栈的庭院位于整个房子的中部，与厅堂、客房、餐厅相连接，是半露天式的观赏休闲庭院格局。穿过不长的昏黄的厅道，我们来到了庭院，霎时只觉眼前一亮，随即入目的是四周青翠欲滴的绿色植盆和庭中摆放着的厚实古朴的石磨，让人耳目一新。石磨上两只精巧细致的紫砂酒壶，与周围景致相互映衬，更添一分韵味。蔓延整个房檐的藤蔓型绿植纵横交错，在二楼交织形成一张绿网，为下面庭院遮挡住了部分烈日与风雨，也为客人撑起了一片阴凉的休憩之地。垂拂而下的藤蔓在空中荡漾，好像是在向来往的人招手问好。靠墙而立的几把木椅，为客人休憩观赏提供了便利。伫立院中，闻着四周绿植传来的沁人心脾的清香，看着从绿荫洒下的点点阳光，心情豁然明朗（图6-119）。

图6-118　蓬荜生辉客房

图6-119　庭院

（3）厅堂

客栈的大堂主要是中式风格，大量运用原木元素与青灰石砖，大到房架四壁，小到摆饰用具，都可以见到原木与青灰石砖这两种元素。再者就是中国的水墨元素，光是大堂的墙壁上，就挂了不少于四幅的水墨画和书法挂轴。更有悬挂于房梁的简式小黄灯笼、前台边上用于饮茶闲谈的石磨、陈列于架子上的各式各样的美酒与茶袋，以及一进门抬头就能够看到的“天道酬勤”的横匾，浓浓的古风气息扑面而来，仿佛此刻自己就身处于百年前的地主住宅一般。而餐厅更多的则是西方元素，特别是西方彩绘，墙壁上挂着的彩色圆盘和绘画，都明显地散发着浓厚的西方艺术气息（图6-120、图6-121）。

图6-120　餐厅一角

图6-121　餐厅一角

（4）标识系统特色

说到客栈的标识特色，不得不先说一下客栈的外观。它效仿了中国古代客栈的布置，在侧面挂着客栈名称的木制门帘，门的上方悬挂着两只双层筒形的笼灯，加上年久色沉的木扉，极具古代客栈的范儿。门是那种较为老旧的手动锁样式，门里一侧立着一把木梯，用来登上大堂上面的隔层，门旁则贴着一些有趣的提示性标语。门内保留了旧宅原来部分的建筑格局，比如大堂与庭院之间的圆形石门，十分具有中国古代建筑的特色，它与外面的木门就像个双层景框，不断地往里面框景，为庭院景致更添一丝神秘与韵味。

5. 其他方面

除却最为显眼的圆形石门，客栈内部的其他较为细小的地方也存在着旧宅古建筑的痕迹，比如楼梯间的刻纹木，色泽暗沉、外有损伤，体现出其历经了岁月，熬过了沧桑，这些外表的损伤又正是体现了“古木”的顽强不屈。木质楼梯底部悬挂着的紫砂壶，经过岁月的洗礼，色泽愈发的深沉，成了“紫得发黑”的艺术品，与之所处环境及景物没有丝毫的违和感，就像它原本就挂在那里一样，也为楼梯一角的景致增添了几分韵味。再加上拐角处墙上的挂具以及楼梯旁的摆架，都与景相衬，从而构成了一处怡人的景致。仔细观察不难发现，客栈内挂着不少的提示性木牌，贴心有趣的标语为住客或者是旅客指明了方向，展示了一些内容，显得十分人性化（图6–122、图6–123）。

图6-122　门外

图6-123　楼梯一角

第九节　原点客栈

一、民宿简介

原点客栈位于黄姚古镇安乐街17号，毗邻仙人古井，沿着安乐寺对面的小径进去，隐藏在一条安静的小巷里，静候着“家人”的回归，旁边耸立着一座大山，绿树成荫，蕴藏着无限生机。客人每天伴着徐徐升起的太阳，呼吸新鲜的空气开始新的一天。原点客栈是老板自己设计修建的，在携程网上的排名一直稳居第一，凝聚了老板一家人的心血，“原点客栈”的招牌是老板一家人共同做的，里面的装修也是老板自己设计的，装饰品大多数也是老板的家人手工制作的，非常有特色和纪念意义。原点客栈有两家，共有12个风情各异的房间，每个房间都有自己独特的风格。一楼有沙发、茶桌、投影仪、乐器等，可以让客人约上三五好友谈天说地，看电影，喝茶，静静享受美好时光。一楼和二楼都有住房，每间客房都有自己的特色，宽敞明亮，和古镇的其他客栈相比有着自己的优势，是一个充满艺术气息的“家”。在这里游客可以体会到“家”的感觉，感受到生活处处充满着诗意，还能体会到古镇独特的美（图6-124）。

图6-124　原点客栈大门

二、民宿特色

1. 名字来源

原点，事业的起点，从这里开始，故名。

2. 主题文化

老板在北京上大学，大四时去参军。毕业后开始入行民宿，因为朋友在黄姚古镇，所以选择了古镇。老板是一个性格随和、做事果断的人，心想即行动。客栈的装修设计都是自己亲自动手，融入了许多个性化的东西，致力打造一种轻松、温馨的氛围，给远方的客人一种“家”的感觉，让来到原点的客人都能有宾至如归的感觉。

3. 客栈内外装饰

店内有12个房间，每一间的装修风格完全不一样，房价也各不相同。房型主要以榻榻米为主，风格偏简约时尚，给人一种清新的感觉。客栈内的每件饰物：画、彩绘石头、剪纸、香囊、木雕、葫芦、编织绳等都是自己的原创，独一无二，是老板一家人一点一滴添加的，凝结了一家人的心血，每一件物品都饱含着老板一家人的感情，都是无价之宝（图6-125 ~ 图6-128）。

图6-125　彩绘葫芦

图6-126　手工剪纸

图6-127　鸡蛋手工画

图6-128　彩绘石头

4. 厅堂特色

刚踏入店内就能感觉到一股浓厚的艺术气息，店内有许多比较文艺的小摆件，彩绘的石头是老板母亲画的。石头的采集很随意，是老板的父母在门前的一条河上散步随手捡回来的，经过妈妈的构思就能成为一件艺术品，捡几片树叶回来，都能创作成一幅画，任意什么东西在老板母亲的手中都能变废为宝。刚开始只是随手摆放当作装饰品留作纪念，但发现有挺多人喜欢的，就把它当作一种商机，也是这家客栈的一种文化，传递出来的是不同的艺术，不同的彩绘石头有着不同的含义。原点的彩绘石头就是老板母亲专门为老板画的，依然是石头本身的形状，并没有打磨，一面是老板自己设计的客栈标志，另一面是一个脚丫子，寓意老板一个人行走江湖。厅内设有沙发、茶桌、投影仪、乐器，客人可以约上三五好友聊人生、聊梦想、看电影、看书、喝茶，悠闲的度过美好时光。楼梯旁的水壶是老板当兵时留下来的，明信片是老板自己拍摄的，还有老板母亲在葫芦上画的十二生肖，每一个代表一个属性；每一个吊坠都是自己编织的绳；柜台上陈列的木雕都是老板父亲雕刻的。窗台上摆放有花瓶、绿色植物、木雕、彩绘石头、画有菊花的葫芦，店内随处可见的都是老板及家人自己的作品，到处都充满着和谐与共的正能量（图6–129、图6–130）。

图6-129　客厅装饰

图6-130　客厅装饰

5. 客房特色

走廊及客房内有许多老板或老板母亲亲手作的画，最有特色的一幅挂在四点阁的亲子房里。画的是三棵树，中间最小的一棵树代表老板自己，旁边比较大的两棵代表老板的父母，是一幅非常具有纪念意义的画。客栈12间客房的装修设计都有各自的特色，装饰摆设都不一样，每个房间的洗手盆都是老板在景德镇定制的，每个房间的挂画、床单被套都不一样。每个房间都有一个独特的名字，以时钟命名，一点到十二点，老板自己住的房间叫零点，像钟表走了一圈回到了原点。每个房间都是独具特色、个性鲜明的个体。一点间在一楼，是一间大床房，墙上有两个小小的框架，上面摆放着台灯和绿植，窗边还挂着一幅水墨画，在暖色调灯光的映衬下，轻拥入睡。二点间是一间标间，有一个蝙蝠形状的台灯，和一个雕刻着树叶花纹的洗手盆，整体的装修比较小清新。三点阁是榻榻米风格的大床房，挂有一幅“静”字的富有诗意的水墨画，画的下方有一张茶桌和两张坐垫，吊灯是正方形的，台灯是长方形的，推开窗户，可以看到附近山的一角，树木葱茏，窗下有一张书桌，可以伴着徐徐的微风遨游在书的海洋中。四点阁是一间亲子房，一盏花型的台灯和一张高脚桌，凭窗眺望可以看到黄姚的夜景。五点阁是榻榻米风格的标准间，挂着写有“禅”字的窗帘，“难得糊涂”和“舍得”两幅画，让人领悟人生真谛，追求自然的生活。六点台是亲子间，装修的比较舒适温馨，有一盏别致的台灯和一个空形状的吊灯，一个圆形的颜色小清新的洗手盆。七点台是榻榻米风格的双人床，天花板比较低，设置成阶梯状用来摆放照片、书籍、绿植、花瓶等，点缀房间，贴有一幅玫瑰花的画，有一张小方桌，床单被子是小清新风格的。八点是大床房，挂有一幅水墨画。九点是榻榻米风格，挂有一幅“时光记忆”的梅花图，书桌上的一个花瓶里插有梅花，相得益彰，给房间增添了一抹色彩。十点是榻榻米风格的家庭房，挂有一幅“禅”字的荷花图，一只花瓶里插着梅花，一个复古的洗手盆，装修得很文艺很温馨。十一点是榻榻米风格的三人间。十二点是榻榻米风格的双人床，挂有一幅美人图，有一扇大窗户和一张形状特别的桌子（图6–131、图6–132）。

图6-131　客房1

图6-132　客房2

6. 其他（表6-7）

表6-7　　原点客栈体验活动

活动方式	作用
老板妈妈教小朋友画画	提高小朋友的动手能力
组织客人去周边野炊	体验野炊的乐趣
组织客人打王者荣耀	促进与客人间的感情

第十节　泊客驿站

一、民宿介绍

泊客驿站位于黄姚最古老的门楼——东门楼附近，店门外是青石板铺砌的中兴街，左侧紧临带龙桥，客人可以在房间的窗台旁一边品茗聊天，一边看着带龙桥上人来人往，感受古镇人民淳朴安逸的市井生活。泊客驿站由百年屋龄的老房子改造而成，主人怀着敬畏的心情，在当地旅游局工作人员的帮助下保留了房子的主要构造，对房子进行修复，使房子重新焕发生机。泊客驿站，共有12间风格各异的房间，一楼前面是大厅，供客人聊天、喝茶、交友，一楼后面和二、三楼为客房，主人对每个房间的窗台布置都很用心，让客人时时刻刻能感受到窗外的美好。在泊客驿站的每一个角落都能感受到主人的用心，尽心尽力为客人打造一个简单、温馨的心灵归宿（图6–133）。

图6-133　泊客驿站外观

二、民宿特色

1. 店名来源

“游历世间无泊处，唯有黄姚做驿站”便是民宿主人对开设泊客驿站的初衷和为其命名最好的诠释。民宿主人早年前从深圳的写字楼离开，在旅途中偶遇黄姚，便决定在这个岁月静好的小镇安放那颗向往自由的心，为同样热爱旅游的朋友提供一个轻松、交友的小窝。

2. 民宿主题及蕴含文化

民宿主题：家和远方。主人引入“精于心，简于形”的理念，使得泊客不仅是一个旅游中停留休息的驿站，而是一个能放下尘世间的浮沉、以“游”结友、体验黄姚古朴宁静生活的“家”，也是一个在旅途中探寻远方朋友的聚集地。

蕴含文化：为旅行在路上的人，提供一个落脚的地方。一个不只是为了一张床而留下的地方，这个小小的地方，会承载很多有趣的故事，承载主人长久以来对自由生活的向往，将会给来古镇的旅行者一个舒适、惬意、无拘无束生活的地方。有温馨舒适的房间，文艺小清新的杂志，好听的民谣，好喝的咖啡，或清洌或浓厚的茶酒。重要的是，有一群旅行在路上的朋友，带着热情、单纯的心去结识更多的朋友，去走更多未知的路，看没看过的风景。

民宿主人的设计理念：多少异乡人远道而来，在踏入古镇的那一刻，像外出的游子终于回到了温暖、安心的家一般，不再为烟火的明明灭灭而操心。泊客驿站在古镇里扎根生长，主人保留了老房子的格局，每个不经意的角落都摆放了怀旧的物品，唤醒大家对故乡的回忆，“精于心，简于形”，不用奢华的物件，用最接近自然的原木，带心回归自然。

3. 民宿建筑特色

外观特色：临近泊客驿站，便被这满墙的爬山虎吸引，想必在满墙绿色下的建筑一定是一个充满生机的院子，迫不及待想知道如果从房间的窗户向外看，这密密麻麻的植物也该是一道美丽的风景，带着一颗好奇的心走进去，布置精巧的门面，露台上贴心细致的小黑板、藤椅、棉麻抱枕和茶几，处处皆是“岁月静好”的味道（图6–134、图6–135）。

图6–134　长满爬山虎的围墙

图6–135　休憩一角

4. 厅堂特色

走进前厅，大厅主要由泊客轻食餐厅和茶室两部分组成，餐厅的风格为欧式田园风，以蓝色和白色为主，配以原木风的家具和田园风的装饰品，简约小资，让人产生点一杯手工果茶，捧一本书静心阅读的冲动，或者与三三两两好友闲聊，度过一段轻松惬意的时光（图6–136～图6–138）。

茶室与餐厅虽一墙之隔，却是两种不同的风格。在茶室静静品茗一杯，看着窗外来来往往的人，既有归隐田园的自由惬意，又有寄情山水的悠闲自得（图6–139）。

图6–136　餐厅1

图6–137　餐厅2

图6–138　餐厅前台

图6–139　茶室

5. 客房特色

泊客驿站共有12个房间，房间以各类“岛”命名，以此比喻每个岛都可以成为客人旅途中停泊的港湾（表6–8、表6–9、图6–140）。

表6–8 客房一览表

房名	特色
舟山岛	多彩民族风，大花被，木床，仿木墙壁
马欢岛	日系风，榻榻米、素色四件套
紫泥岛	简易北欧、民族混搭风，榻榻米、木格窗、原木高脚椅
菊花岛	清新原木风，素色四件套、精致木格窗、温馨床头灯
涠洲岛	清新原木风，观景窗台，藤椅、木床、素色四件套、仿木墙壁、印花门帘
黄岩岛	温馨亲子房，色彩鲜艳的搭配，大花被、纯棉椅子，精致的木格窗台
钓鱼岛	温馨亲子风，落地窗、观景阳台、民族风椅子、木质栅栏、鲜花绿植
秀山岛	简约生活风，观景木格窗、温馨床头灯、原木桌椅、素色四件套

表6–9 装饰特色

老砖墙		出于主人对老房子的尊重，特意保留了原来老房子的砖墙作为装饰，为大厅添加了怀旧感
垂直盆栽		大厅面积不大，绿植大多数皆用垂直盆栽的方式摆放，节省了空间，同时也创造了一个非常自然的栽培空间。以原木为底的盆栽也增添了自然的味道

续表

装饰品	图片	特色
老木窗		主人从黄姚本地居民家里淘回来的老物件，经过修缮，使装饰品重焕生机
禅意手工荷花		禅意的一角，绿藤恰好为荷花增添绿意，指引着客人走入安静舒适的内室
书法		在墙壁上，主人的书法作品藏在某一个转角等待游客发现，这些书法作品皆是对自己心境的表达
麻绳扶手	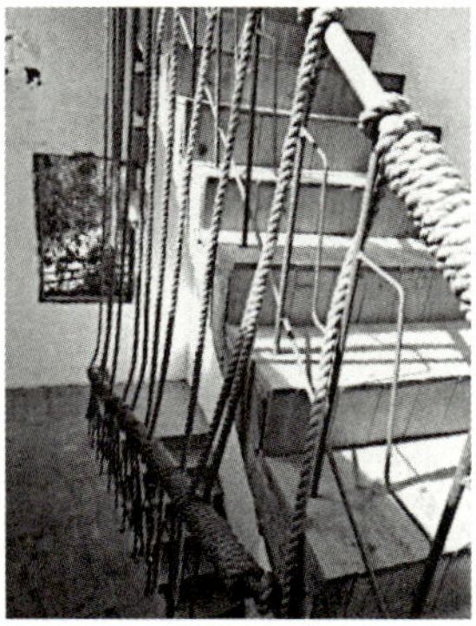	麻绳扶手为空间营造了简洁的意境，阳光透过绳子投影在仿木地板上，让人感觉温暖明亮

续表

装饰品	图片	特色
观景平台		每个房间都可以看到主人精心布置的窗台，民宿里往往最舒服的不是床，而是窗台或者阳台，窗外的景色为房间增添了生机和光线

图6–140　客房

第十一节　郭家别苑

一、民宿简介

郭家别苑就坐落于黄姚古镇仙人古井旁（图6–141），环境幽雅、安静、舒适，客房装修为复古与现代相结合，呈现出朴素简约的视觉美感。在观景房阳台对面是铺满爬山虎的墙壁，远望可以窥见部分古镇古朴清雅的屋顶房檐。客栈总分为五种房型，有15间风情各异的客房，客房全部采用木质结构装修，色调柔和，并且每张桌子都摆放着新鲜的玫瑰花。客栈大门两边垂挂着一副对联，左联为："一帘好梦得成真"，右联为："几度青春想作伴"（图6–142）。客栈一楼分为内中外三区，内区有两间客房，房外立着一座小巧精致的假山；中区为餐厅，可容纳约40人同时用餐；外区为大厅和茶室；二楼楼梯口有一个休闲茶座，其余为客房；三楼为住宿客房，采光明亮，走廊环

图6-141　仙人古井

图6-142　客栈大门

绕，风格典雅，复古气息浓郁。郭家别苑的一花一木，都像是艺术家手中的作品，这里是寄托心灵的归所，是繁华时少有的清静之地，让人在山水之间体验别致的典雅生活。

二、民宿特点

1. 名字来源

据说客栈主人姓郭。相传黄姚郭氏为唐朝名将汾阳王郭子仪之后，他们明朝时入黄姚，一直以豆豉加工为业，传业至今，郭家生产的豆豉仍为黄姚优质的豆豉之一（图6-143、图6-144）。

2. 客栈来源及文化

除了经济收入之外，进入民宿行业的人，大多抱有一种情怀。郭家别苑主人亦然，既热爱生活，又羡慕其他民宿主人悠闲的生活状态，郭家别苑由此而生。

图6-143　郭家豆豉

图6-144　晒豆豉

在中华传统文化中，“雅”一直是古人所追求的意境。雅活当下，则是当代人追崇的一种生活方式，这是一种传承，也是一种升华。

民宿是旧乡愁与“新乡土”相结合的产物，被称之为有温度和有灵魂的生活。当代许多人厌倦闹市的嘈杂与拥堵，可是偏偏又离不开现代化的繁华与便捷。郭家别苑主人阅尽千山万水，以“雅”为基调，初衷是要把郭家别苑打造成一个“雅室”，在漫长的岁月中，细细打磨郭家别苑的每一处场景。这里就像一件精雕细琢的艺术品，每一个角度都适合放进取景框里（图6–145、图6–146）。

3. 设计理念

保留历史和地域符号是客栈设计的灵感来源。依托本土文化，创意创新文化，化腐朽为神奇，让没有生命的历史建筑，焕发出新的生命，从而实现文化的传承。用最普遍的生活用品做装饰，创意十足又能触动人的灵魂，建立了人与自然交流的机会。

为了带给客人最舒适的感受，客栈主人在许多细节上都花了很大心思：柔软舒适、高低适中的民族刺绣枕头；简朴低调、富含禅意的茶杯等。房间内的家具大都对应客房风格，木书桌古朴又精致，浓浓的书卷气息油然而生。这些方面在很大程度上也是区别于普通酒店的标准化装饰，令客人倍感亲切，同样也是破解行业内同质化竞争的有效手段之一。

民宿是一种生活，更是一种艺术。客栈主人将自己的志趣投入到客栈当中，与客人分享，以创作的态度打造客栈独有的特质与美感（图6–147~图6–150）。

4. 建筑设计

进入客栈，古香古色的气息扑面而来，外观、饰材、色调浑然一体，目光

图6–145　圆拱门

图6–146　楼梯

图6-147　茶室

图6-148　茶具

图6-149　茶具

图6-150　吊篮

所及，都能感受到客栈从骨子里透出的典雅之气。室内外的窗台、桌椅、楼梯扶手采用大量的“有温度、有感情”的木质元素和天然材质，每间客房都摆放着娇艳欲滴的鲜花，一缕阳光投射进来，散发出瑰丽的色彩。

三楼部分客房开放了玻璃天窗（图6-151），夜晚降临，可以欣赏广袤无垠、布满繁星的夜空；开放式阳台，闲暇之余可以约上同伴高谈阔饮，畅聊人生，享受岁月静好（图6-152、图6-153）。

图6-151　玻璃天窗

图6-152　阳台风景1

整体构架在尊重建筑原有语言的基础上，保留事物最基本的元素，不求华丽，只是尽力打造一个干净的、开放的环境。让旅行者从视觉上避免接触一些不必要的因素和色彩，旨在体现人与自然的沟通，营造出一席“户庭无尘杂，虚室有余闲”的栖息之地（图6–154）。

5. 细节与环境设计

（1）枕头、被子都有刺绣，民族气息浓郁；

（2）客房摆放着鲜花，为单调的桌子添上一抹亮丽的色彩（图6–155）；

（3）每个过道墙壁上都挂了许多挂画（图6–156），寓意极好，比较特别的是样板戏的剧照；悬空的房梁上垂吊有绿植鲜花，每个角落都摆着大大的鲜花、干花。

图6–153 阳台风景2

图6–154 古朴的窗户

图6–155 客房鲜花

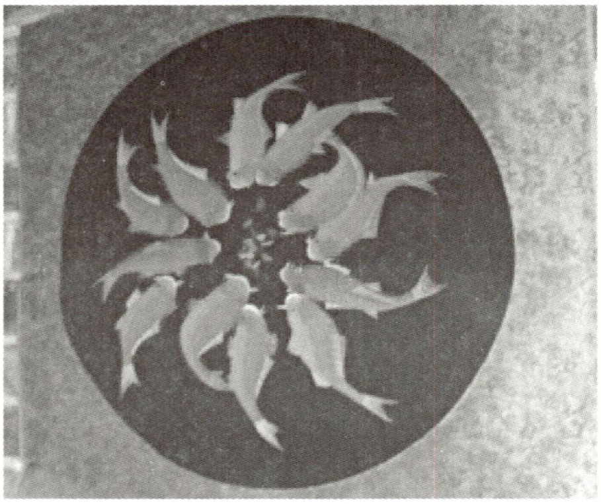

图6–156 挂画

6. 餐饮特色

郭家别苑的餐饮也极具特色，源自绿色生态农场新鲜果蔬，以及专业饲养基地的家禽，每日凌晨定点抵达客栈。由当地厨师精心烹制，并根据时令推出不同的菜式，保留了食材丰富的口感，带给客人绿色、健康、纯正的自然原味。

闲来煮酒烹茶，静静享受大自然的芬芳，加上独处时曼妙书香的点缀，生活惬意而高远，愉悦而悠然。

7. 道路铺装

楼梯采用瓷砖地板，稳固安全；客房采用木制地板，与整体设计相适宜；安全标识位于主要交通要道（表6–10，图6–157 ~ 图6–162）。

表6–10　　　　客房一览表

名称	特色
连理	鲜花，地势佳，光线明亮
安乐、迎秀、天然、龙胖、德金、中兴	双床，部分有鲜花
新兴	鲜花，玻璃天窗
金瓶、银壶	鲜花，有阳台，景色秀丽，通风良好
大贵	鲜花，3个床头柜

图6–157　监控提醒

图6–158　安全标识

图6-159　客房1

图6-160　客房2

图6-161　客房门牌

图6-162　挂画

第十二节　二姑娘客栈

一、民宿简介

黄姚古镇二姑娘客栈位于古镇安乐街水井巷深处，临近仙人古井、安乐寺，是一家舒适型、经济型客栈。客栈的装修风格以休闲舒适、浪漫清新为主题，打造独具休闲情调的家庭旅馆，客栈共有9个风情各异、独具特色的房间。客栈进门有一个小庭院，三五个好友可以在这里喝酒聊天赏花看月，天台还可以观赏日出。一楼分为3个部分：装饰温馨的客栈接待处；"若如初见""倾城之梦"两间套房；设计感强烈，宽敞明亮的休闲区，休闲区的主要功能是为客人提供餐饮服务与休闲体验。二楼主要为住宿的客房。

入住二姑娘客栈，不仅能享受干净舒适的住宿环境，还能体验黄姚自助游的特色游玩方式和美食攻略，远方的客人为心灵寻求一方净土，让疲惫的身心在此得到短暂的休整（图6-163、图6-164）。

图6-163　客栈外观

图6-164　客栈外观

二、民宿特色

1. 客栈名字来源

二姑娘客栈的老板并非本地土生土长的黄姚居民。"二姑娘"乍一听让人不禁觉得带有一丝俏皮与随性，据二姑娘客栈的老板解释，"二姑娘"此名的灵感来源于她1992年2月2日出生的女儿小蝶。因为女儿出生于1992年2月2日，"二"这个字，对于这个家庭便具有了特殊而深刻的意义，故名"二姑娘客栈"。

2. 客栈核心主题与文化

（1）核心主题

休闲舒适，浪漫清新，打造独具休闲情调的家庭旅馆。为心灵寻求一方净土，让疲惫的身心在此得到短暂的休整，晨起独坐院中，沏一壶茶，焚一炉香，细细品味真正的生活。

（2）客栈文化

现代简约式生活与温馨家庭式生活共生，浪漫甜蜜的罗曼蒂克与休闲舒适的清新情调共存，衍生出新现代田园乡村风格的客栈文化。

三、客栈设计理念

1. 设计整合化

二姑娘客栈结合民宿所在区域的特征，对场地进行整合优化。从空间布局到功能配置，从建筑外观到室内空间设计，从外观形式到设计内涵，体现了一套休闲舒适，浪漫清新的设计理念。

2. 功能空间多样化

二姑娘客栈从空间布局入手，设置多样的功能空间，宽敞明亮的餐饮休闲区，温馨的阅览室，简约舒适的就餐区，尽量做到满足游客作为个体或者是群体的不同需求。

3. 设计模式多元化

二姑娘客栈在深入挖掘地方特色的同时，结合现代新观念打造精品民宿。从不同的视角出发，引入多种民宿设计模式，丰富民宿的设计类型。

4. 设计形式特色化

随着旅游观念的更新，游览不只是一种观光旅游的方式，游客更加在乎对旅游地文化的探寻。客栈，一个能够让人停留下来休息、享受的场所，二姑娘客栈在进行空间设计时，设计风格和形式在体现当地特色的同时也加入了客栈主人设计的独到之处。通过对地域文化元素的挖掘、提炼，选择适宜的元素符号，建造材料运用于空间设计中，让游客在旅游中体会到地域文化特色和现代文化两者交融带来的视觉和精神上的享受。

四、客栈客房特色（表6-11，图6-165～图6-169）

表6-11　　房间风格

房间名称	特色
若如初见	设计结构对称、简约、朴素、格调雅致
倾城之梦	以黄、红褐为主色调，明亮悦目，捕捉光线
如叶逢春	自然色彩的沉静和造型线条的简洁，闲适写意、悠然自得的生活境界
清风徐来	木质、竹质的天然绿色建材，几件方正规矩的家居，宁静致远
春风十里	整体布局传统中透着现代，现代中糅着古典
斯遇佳人	东方人的“留白”美学观念控制着整体的节奏，显大家风范

续表

房间名称	特色
玉色琉璃	简洁的北欧风格，贴近自然，颇受年轻人和时尚人士的青睐
半面红妆	格调高雅，造型简朴优美，色彩浓重而成熟
霓裳曼舞	色彩柔和艳丽，简约大方

图6-165　客房1

图6-166　客房2

图6-167　客房3

图6-168　客房4

图6-169　客房灯具

五、客栈庭院特色

庭院柔化了现代住宅这一被无机质同化了的空间，生动、自然地反映了人对事物的看法和感受，为住在客栈的人们提供轻松、健康、舒心的环境起到重要作用。二姑娘客栈在设计客栈庭院时特别注意打造庭院的五大魅力：

适合黄姚本土的气候、水土——材料树木本土化；

适应小体量空间——在简洁中凝聚客栈的美感；

表现大自然——树木花草与道路铺装的色彩搭配；

触及感官、安抚心灵——形成人对自然风景的想象；

简化处理想象空间——原汁原味展现自然（图6-170 ~ 图6-173）。

图6-170　庭院1

图6-171　庭院2

图6-172　庭院一隅1

图6-173　庭院一隅2

六、客栈厅堂特色

室内厅堂环境是体现人类物质和精神生活的一面镜子，厅堂的环境艺术设计就是运用艺术和技术的手段，创造出功能合理、舒适美观，便于生活、工作、学习的理想场所的室内环境（图6–174～图6–176）。二姑娘客栈在室内厅堂设计方面主要有以下特征：

图6-174　厅堂1

图6-175　厅堂2

图6-176　餐厅

1. 客栈厅堂设计的时空性特征

空间特征：客栈厅堂设计是一种以空间形式存在的创造，将设计者的一切意匠、方案鲜明地体现。如在餐饮空间对于用餐氛围的要求、在休闲空间对照明光源的要求、在家庭空间对于亲情关系的要求等，客栈都遵循其特定的规律及组织方式。

时间特征：在空间组织中，旅客对于空间的体验过程本身就表现为一种时间性。因此，二姑娘客栈在设计厅堂时，使其空间层次、秩序、节奏、韵律感、光影的交错都体现在时间展开的过程中。

2. 客栈厅堂设计的整体性特征

室内设计可以称之为一种“导演”的艺术，因为它是强调环境整体效果的艺术。客栈在设计厅堂时，对于空间格局的把握，室内室外的整体协调都有着深入的思考，尽量把握客栈一楼区域的整体协调。

3. 客栈厅堂设计的艺术性特征

艺术性特征表现在厅堂设计的均衡、对比、比例、尺度，结构中的形式完美与空间变化。为了表现无形空间的艺术性，给人带来流畅、自然、舒适、协调的感受，二姑娘客栈尤为重视室内表面装饰材料的艺术性、室内陈设设计的艺术性等。

七、客栈标识系统特色

图6–177　客栈引导标识

在飞速发展的当今社会，快速的生活节奏，使简单、抽象的标识更容易被观者记忆于心，因此客栈在设计标识时更要注重标识系统的创意性以及形式美感。二姑娘客栈的大多标识系统都采用木质或者木质质感的材料，凸显标识的光泽感，注重标识的表现手法及技巧，以简单的元素，使得标识具备更加突出的视觉效果（图6–177 ~ 图6–179）。

图6–178　客栈门匾

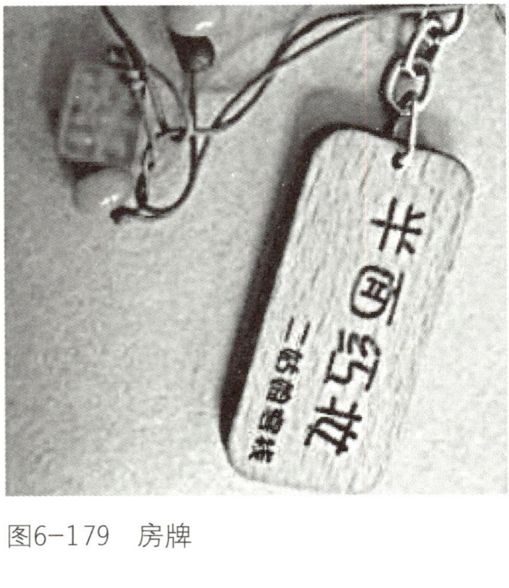
图6–179　房牌

第十三节　田田客栈

一、民宿简介

田田客栈位于黄姚古镇中心街道的安乐街，又名鲤鱼街。田田客栈原叫阳阳客栈，景区内一共有两家门店，第一家改为田田餐馆兼客栈，位于景区入口约250米处，前面就是姚江和睡仙榕，是游客必经之地。客栈较为古老，里面增添少许绿植，主要还是复古风格，保留原来明清时期纯正古色古香的木板老房子，让游客体验了返璞归真、隐居田园的简单生活。另一家位于安乐街的街尾，一共六种房型，用“老人的外表，年轻人的心脏”形容再好不过。客栈定价偏低，主要面对的群体是年轻学生、城市白领。他们通常都是周末过去休闲娱乐和旅游的，一般都是2~4人结伴而来，所以时间也不是很长，一般为两天左右，两家客栈相距100米，住宿以后者为主。除此之外，客栈店铺还是黄姚著名酒庄，一楼卖酒楼上住宿，一楼大厅还有一张大方木桌，除了给游客喝酒聊天外还可以组织一些感兴趣的游客自酿酒，真是“一家客栈两处地，吃住游购全包揽”。坐在青石铺就的长巷的街头，品着果酒，你会因古镇的柔情感动，会被客栈的幽静感染，一砖一瓦，一栈一人，长发飘飘，心了了（图6-180~图6-182）。

图6-180　客栈外观

图6-181　客栈街道

图6-182　茶室

二、民宿特色

1. 名字来源

田田客栈名字来源于汉宋府诗《江南可采莲》，“江南可采莲，莲叶何田田，鱼戏莲叶间，鱼戏莲叶东，鱼戏莲叶西，鱼戏莲叶南，鱼戏莲叶北。”

2. 民宿主题文化

田田客栈的老板是一位姓黎的小学老师，在古镇附近的小学教书，从1985年毕业至今30余年。一位温柔并充满古典气息的文艺女教师，好读诗书、热爱花草，附近的人和来住宿的游客都叫她黎老师。黎老师开客栈的初衷是为了让一些学生和年轻人以合适的价格住到心仪的客栈，希望有相同爱好的年轻人到此可以畅谈理想。客栈主要以文艺书香为主，建筑外观保留了明清时期的原貌，斑驳的墙面，鹅卵石台阶，青石板地面等，内部却融入了一些现代元素，如日式榻榻米、冲水马桶、西方的桌布文化等，都符合年轻人的审美和追求，所以人们都称之为“老人的外表，年轻人的心脏”。

3. 设计理念

客栈设计理念从头至尾、从内到外都贯穿着“绿”这个字。客栈主人是个热爱绿植、热爱生活的人，即便没有阳光，绿植也能让家变得温馨而浪漫，绿色也代表着生机和活力。其中最为突出的是客栈后院的瓜果棚廊坊和无处不在的小盆栽。

4. 厅堂特色

一楼大堂是古镇酒庄，一入厅堂，酒香扑鼻而来，复古的装饰和典雅的吊灯相称，美丽的琉璃酒瓶琳琅满目，好像穿越到了古代。不同的是，这里的酒都是店家的自酿酒，有果酒、药酒、花酒，其中果酒居多（表6-12），一到果子成熟的季节，住店游客便可参与店家酿酒体验，这也是田田客栈吸引客人的一大优势。除此之外，客人可以在店里保存自己酿的酒，等下次再到古镇来玩，便可以开盖饮用，就像自己留在客栈的一件东西，让人会心心念念见到它（表6-12、图6-183、图6-184）。

表6-12 田田客栈酒类品种

名称	类别	作用
果酒	桑葚酒、青梅酒、山葡萄酒、柠檬酒、万寿果酒	美容养颜、促消化、补血、延缓衰老、健脾

续表

名称	类别	作用
药酒	黄精酒、青竹酒	祛风散寒、通利关节、强心安神
花酒	桂花酒、菊花酒	降压、减肥、防癌、提神补气、滋阴补肾

图6-183　客栈酒庄

图6-184　客栈酒庄

5. 庭院特色

厅堂与庭院之间，店主用一个复古的红木珠串成的帘子隔开，这是店主的巧做，起到了掩映的效果。在园林中常用的抑景手法，掀开帘子便是另一番天地（图6-185）。

图6-185　隔帘

庭院内部是露天的，阳光可以照射进来，竹藤编织而成的一对桌椅放置正中间，游客可以在此享受阳光的沐浴。其中，墙上的花草，脚下的绿植都很吸引旅客的目光，红绿相配，让人大饱眼福。这些有生命的花草都出自店主之手，包括摆放的位置都是很有讲究的，使得整个庭院放眼望去和谐而温馨，似乎原来它们就是一体的，完全没有违和感，不得不让人驻足欣赏。除此之外，墙上粘贴的诗词更是起到了画龙点睛的作用，最开始的一篇古诗也就是客栈名字的起源，“莲叶何田田”。庭院深处就是客栈的一大特色——瓜果棚。瓜果棚种有植葫芦、丝瓜、琵琶、南瓜、葡萄等，能保证不同时期有不一样的特色，使得整个客栈一年四季都富有生机。瓜果棚旁边还有个休息台，除了给住宿的客人提供休息外还是拍照的好地方（图6–186～图6–189）。

图6–186　休闲区

图6–187　庭院

图6–188　瓜果棚1

图6–189　瓜果棚2

6. 客房特色

田田客栈主要分为四种房型，分别是普通间、亲子房、观景房、街景房，各类房型都有各自的特色，基本可以满足大多数人的需求。客栈里的所有房间都有一个共同点，就是都用绿植、花草和诗歌作为装饰物，这也是客栈的核心和灵魂。其中普通房型装修简单，价格便宜，是大多数学生的首选。亲子房采用日式榻榻米床垫，房间都是一大一小标配，是一家人出游的最佳选择，里面设施相对齐全，房间主题色为粉色，给人温馨柔和之感，墙上的卡通贴纸，也是吸引孩子的主要装饰物。观景房偏向复古风，顾名思义，透过窗子便可以看到室外的田园风光、山水风光或者邻居的屋顶，对于城市白领来说瓦片房在现在是很少见的了，躺在床上会感觉自己与大自然融为一体。街景房，位置高且靠近街边的地方，街景房的窗户位置比较低，窗户宽度较大，躺在榻榻米软垫上透过窗子望去，外面的风景尽收眼底（图6-190）。

7. 其他方面

每一位入住田田客栈的客人都会爱上它，不仅仅是因为它古朴的外表、充满生机的内在，更重要的都体现在了细节上，每一样东西都体现了它自身的价值，每一个转角都给人以触动。客栈里随处可见郁郁葱葱的吊兰和铜钱草，这些看似普通的植物，在主人的照料下生机盎然。细心的店主还在客房前准备了斗笠，既可以解决不时之需，也成了一件件工艺品，深受客人喜欢。房牌号也是别具一格，这些小细节都体现了店主的用心（图6-191～图6-194）。

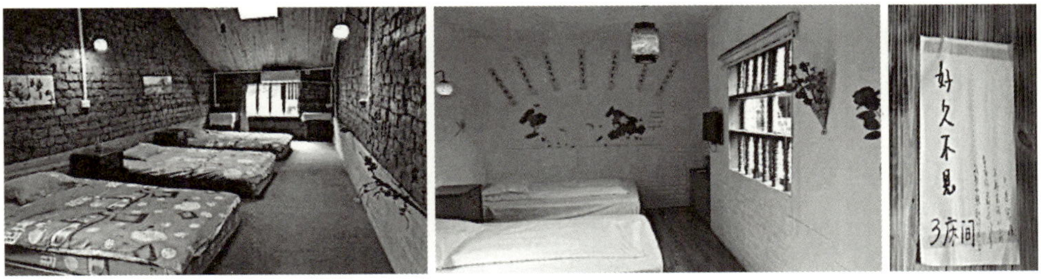

图6-190　客房

图6-191　铜钱草

图6-192　楼梯

图6-193　斗笠

图6-194　墙上装饰

第十四节　黄姚故事

一、民宿简介

黄姚故事位于黄姚古镇安乐街004号，门前曾经是商贸街，后面是三星楼。客栈建筑保留了明清时期建筑的特点。客栈地理位置优越，街道小巷四通八达，无论从哪都可以走到客栈。客栈门口是一家长沙臭豆腐店，黄姚古镇里仅此一家长沙臭豆腐店，可谓是黄姚故事客栈的标志性店面。客栈一楼是自家开的餐馆，方便客人用餐。餐馆有黄姚特色美食、各式酱菜和小吃、奶茶等。客人还可以在楼下餐馆和朋友坐一块谈天说地或者悠闲地静坐发呆，看店外的来往人群。黄姚故事开业时间较长，算是黄姚古镇较老的客栈了。

黄姚故事客栈的老板是土生土长的本地人，他见证了古镇从往日的默默无闻到现在的名声大噪，他也从中看到了商机，很早就开起了民宿。客栈以民族风的主题为主，分为大床房、标准间、三人房、观景房、亲子间、家庭套房六种房型（图6-195）。

图6-195　黄姚故事外观

二、民宿特色

1. 名字来源

客栈位于黄姚古镇最古老繁华的商业街中，是歇息片刻的地方。它有着安静祥和的一面也有着动静结合的一面，让人感受到美好的旅游体验，品味着黄姚古镇的韵味，细读着黄姚的历史，故以“黄姚故事”为名，有茶、有友、有故事，来黄姚吧。

2. 主题文化

客栈内部装修保留了古镇原住民住宿的特点，依托旅游景区、民俗文化和乡村环境，充分利用农家院落，积极发展“民食、民宿、民游”农家乐项目，体现了当地乡土文化。主体建筑除保留原有建筑风貌外，还构建了乡土文化多重场景。庭院内摆放了一些农具、渔船等，再现了原住居民日常生活的场景，加上周边青山翠竹，门前溪水潺潺，鸟语花香。新鲜的空气，泥土的芬芳，乡土气息扑面而来（图6–196）。

3. 餐饮特色

黄姚故事客栈建筑是木质小阁楼式的，一楼是自家开的“姚大姐私家菜”饭馆，菜品多是具有本地特色的开胃酱菜和酿菜，当地有做各种酱菜的传统手艺，豆豉酱、辣椒酱、肉酱、萝卜丝、木瓜丝等。当地还有酿菜习俗，逢菜必酿，提倡粗粮细作，有豆制品类、果菜类、根茎菜类、叶菜类、大肠、猪血酿、生葱大蒜酿，有一百零八种之多（图6–197）。

4. 客房特色

客房全部是实木地板，宽敞舒适。房间内家具是实木手工制作而成，蚕丝被为桐乡原产地手工定做，房间还配有木浴桶，地上铺着白地毯，每一个细节都注重品质与品位（图6–198、图6–199）。客栈房型有大床房、标准间、三人房、观景房、亲子间、家庭套房6种房型，8间客房，下面列出独具特色的5间，见表6–13：

图6-196 一楼大厅

图6-197 餐厅

图6-198 客房1

图6-199 客房2

表6-13　　客房一览表

名称	特色
尘听间	装饰清新舒适、单人住意境非凡
青梅嗅	休闲座椅、小清新艺术窗帘、双床古风风格
雁然间	双床温馨小清新、宁静休闲角、家庭常见小物品
余昔间	高规格大床房、高大上桌椅、观赏窗台
初溪间	文艺大床情侣间、木制小茶几、两个坐垫

第十五节　闻香小院

一、民宿简介

闻香小院建于2013年年底，由民宿老板、电工以及木工三人携手合力打造，耗时一年完工。小院老板是三亚城市管理学院的客座教授，老板娘是桂林灵川人，曾饰演《临贺长歌》女一号。小院位于贺州市黄姚古镇安乐街68号，整个店铺面积约为290平方米，以经营咖啡馆为主，接待客人的房间共两间。小院不偏不倚，安静独立坐落在安乐街交叉口，周边分布着小商品店、特产店和其他的民宿。小院共分三层，一层是温馨个性咖啡馆，二层靠近街道的房间是客房，其余两间是主人自住的房间，另一间客房在三层，楼层之间用木质楼梯相连接，三层休闲空间的地板装修使用玻璃修建，能够一览无遗二楼的景色（图6-200）。

二、民宿特点

1. 取名来源

闻香小院取自老板闻博之手，以“闻”为基础展开，与其他广州闻香小院、三亚闻香小院齐名。

图6-200 民宿外观

2. 民宿文化

民宿文化深厚，它启于三亚闻香小院。老板是在三亚开始筹建闻香小院的。因为他认为家里有多余的客房，前院又很宽敞，老板夫妇都有做面的手艺，于是想要筹建一间民宿。过后不久，老板以面闻名，游客纷至沓来，至此成为闻香小院最开始的故事。二人再次经历建设民宿是在广州，广州闻香小院是慢生活的向往地，有前车之鉴，再加上对建设的创新和理念的更新，广州闻香小院亦是成功的。

谈及为何想要在贺州市黄姚古镇也修建一个闻香小院，老板说是因为老板娘，可以叫静姐。当时静姐和我说：你有没有来过贺州的黄姚古镇，我建议你可以来一下。于是我就来到黄姚古镇，一方面发现这个地方非常慢，不商业、安静，文化气息、历史积淀很浓厚，另一方面就是来追随静姐啦！其间的浪漫故事就不多说了。

3. 核心主题

随性、安逸、慢生活。

4. 设计理念

环境本土化：民宿周围依然是青砖黑瓦，不破坏本土气息，沿袭古镇的传统，不商业，慢生活。

文化本土化：民宿的墙上、咖啡厅的前帘、木质楼梯的周围，以及三楼植物的摆放都呈现出本土文化，却又不失优雅。墙上会挂置晒干的满天星；咖啡厅的前帘是用干稻草、干芦苇、干狗尾巴草组成；楼梯前的帘布是帆布材料，与三楼的盆景植物相得益彰。

人情化设计：各房间都有1或2扇朝阳的窗户，每个楼层都有两把休闲椅和桌子让人休憩观景，民宿里的小猫咪还有小狗惹人喜爱，每间卧室都有泡茶的用具。

民宿整体设计偏于自然，与当地文化相融合，结合乡土特色与人文情怀，营造舒缓、低调的生活方式。

5. 客房特色

客房未命名，由大红色、黄色、青色作为基调，形成强烈的反差，给人以视觉上的冲击。客人平时住惯了酒店或在家待的比较久，如果有一间这样的房间就会有很强烈的想要入住体验的感受，但是居住时间不宜过长，两三天最为适宜。客房色调搭配独特，但又不与古镇环境相违和，十分秀美（图6-201、图6-202）。

6. 活动特色

在黄姚民宿中，客流量暂时未达到举办活动要求，黄姚民宿与其他民宿的

图6-201　客房1

图6-202　客房2

对比在于，黄姚民宿是一个以咖啡馆为主的店，住宿环境并不宽阔，房间数量只有两间，客人更多的是短暂消费。但老板举例在三亚的活动：“三亚的闻香小院，不为利益，出于情怀，会与投脾气的客人彻夜长谈，与客人之间的互动不刻意，会与客人游玩景点、去海边、烧烤、做饭等。举例说，从云南来到闻香小院的客人，晚上用餐结束就会开始喝一些小酒聊天，聊一通宵。与客人之间的互动不是一个流程，也不是一个程序，只是平心而论，遇到投机的人会玩得很好，不投脾气的人就相安无事。”（图6–203、图6–204）

7. 厅堂特色

民宿面积大约290平方米，一楼大堂所占面积是最多的，它是客人与主人之间沟通、交流最频繁的空间场所。老板将厅堂设计成咖啡馆和小部分品茶的地方，灯光微黄，十分有质感。

8. 顶楼特色

顶楼只有一间客房，却是一个观景的好去处。有两把座椅与小桌子，可供客人品茗休闲，周围用玻璃设计的，楼层的边缘用植物围成，给民宿增加了自然的因素。客人可以一览古镇安乐街的繁荣景色，还可以观察形形色色的路人，观察游人的千姿百态。

图6-203 厅堂

图6-204 咖啡馆

三、老板寄语

经营民宿不是一份简简单单的工作，它是对生活的一种态度和选择生活方式的决定，会改变整个人生的生活轨迹、生活方式。理想与现实之间就差一个勇气，很多人没有勇气迈出这一步来做这件事，也有有了勇气后又退缩的人。民宿不是每位客人所认为的“面朝大海，春暖花开”的一种理想状态，只有置身其中才能知道不易（图6-205～图6-208、表6-14）。

图6-205 花鼓桌与木钟

图6-206 木窗

图6-207　茶具

图6-208　书篓

表6-14　　　　闻香小院产品内容

产品类别	产品名称	产品概况
住宿	古镇老宅	古朴建筑，本土文化与民族文化相融合，共有三层楼，客房两间，顶楼露台是观赏夜景的好去处
餐饮	咖啡厅、二楼厨房	民宿可作简食、蛋糕，赞同客人亲自动手，饭后可以一起品茗、饮咖啡
文化体验	一楼厅堂	在厅堂可以参与创新创意咖啡，自己动手研制属于自己的咖啡，休闲读书，品茗谈天
休闲	户外休闲（游古镇）	游玩黄姚，感悟当地文化、风景，品尝当地特色小吃，欣赏黄姚夜景，拍照留念

第十六节　来群驿站

一、民宿简介

来群驿站位于黄姚古镇的主街上，西门楼往里约50米，是迎秀街的第13号店铺，也是一家被中央电视台采访过的客栈。来群驿站是家庭式老房子改建而成的，由老旧的砖瓦修砌而成，保留了传统民居的古朴外观。驿站外是年代已久的青石板路，驿站内则是用水泥铺就的地板，与驿站内典雅的装修风格相得益彰。来群驿站内部空间相对狭小，整个驿站共有两层，一楼为餐厅，共有10张饭桌，饭桌之间有一个露天的天台，在这里可以邀三两好友，饮一壶浊酒，看庭前花开花落，体味古镇的幽与静；二楼则为客房，共有5个古色古香、风格典雅的房间，客房采用木质结构背景，布置简约温馨，设有多款房型。驿站内的每个房间均有窗户，易通风、采光好，闲时可倚在窗前，看古镇上络绎不绝的游客和吆喝的小商贩，品味与车水马龙的大都市不一样的风采（图6–209）。

图6–209　来群驿站外观

二、民宿特点

1. 名字来源

驿站是中国古代供传递官府文书和军事情报的人，或来往官员途中食宿、换马的场所。现在驿站的基本功能则是提供食宿，与酒店功能差异不大。“来群驿站”这一客栈名的“来群”二字取自店内的一副上联“早来群晚来群早晚来一群”，寄托了店家对客栈的美好祝愿，希望客栈有更多的客人能一群一群地来。“驿站”二字则由古传今，至今仍沿用着，古朴气息滚滚而来，与客栈内古典、文雅的装修风格相符合。一进到客栈，便可看到客栈柜台后方的一副对联，上联为：“顾客就是根”，下联为：“品质即为源”。横批则是店名：“来群驿站”。对联上方则有一个书写着“生意兴隆”字样的牌匾。对联的上下联都直接表达了来群驿站的经营理念，顾客对客栈的重要性，好的食宿的重要性，做到这些生意兴隆便指日可待（图6-210）。

图6-210　客栈店名及对联

2. 文化特色和主题

一步入客栈，书香气息和古典气息扑鼻而来。店内均以古典的书画为装饰品，而且店内的书法全部出自客栈老板之手。2015年之前，客栈老板一直在广东打工，后来觉得现在旅游业发展得愈发红火，自己家乡黄姚古镇的旅游发展前景越来越好，便举家返乡开了一家民宿，也因自己热爱书法，有三十多年的书法经验，喜欢古色古香的物品，便以书画等主题的古典物品装饰了这间客栈。店内一眼望去便可观赏得一清二楚的书法有《味道》《精益求精》以及放在桌子上的《赤壁怀古》等，这些书法既具备了观赏性、装饰性，同时又可以不断提醒店家客栈品质的重要性。除了有老板的书法，还有刻了《茶经》的竹简、《八仙过海》的裱画等，都古韵古香（图6–211 ~ 图6–214）。

图6-211　客栈收银台

图6-212 《八仙过海》裱画

图6-213　书法

图6-214　书法案台

3. 设计理念

黄姚古镇是一个历史悠久的古镇。来群驿站作为黄姚古镇200多个客栈之一，设计理念则是以古衬古。客栈内除了有许多文化艺术品之外还有许多手工艺品，比如有年代感的蓑衣（图6–215）、编织品等。而客栈内的硬件设施基本上是由木头制作而成，桌、椅子、楼梯、窗户等都是采用木质材料建造而成，桌子上再铺上藏蓝带花纹的桌布，既有古风又具有民族特色，与客栈外的青石板路、青砖黛瓦相辉映，让游客更深地体会到古镇的悠久与宁静。

图6-215　蓑衣

三、客栈特色

1. 饮食特色

来群驿站现在主打的是饮食方面，次之则是住宿。它的店名除了叫来群驿站外，还叫来群食府，是黄姚古镇的一家网红店。来群驿站里的农家菜不仅在黄姚古镇特色美食大赛荣获一等奖，受过广西电视台资讯频道美食采访，还受过中央电视台的独家采访，因此很多游客都慕名而来。其中最出名的菜品是黄焖鸡，它曾在2003年获得黄姚古镇人民政府颁发的第一名奖状，还有招牌菜豆腐酿、豆豉排骨和南瓜苗等均被游客称赞。除了有著名的菜品，还有老板在游客用餐完毕后用毛笔书写的古收据，这也是吸引游客络绎不绝前来的一大亮点（图6-216～图6-219）。

2. 客房特色

客房内的地板、天花板等均采用木质材料制作而成，而墙壁则是用红砖以

图6-216　驿站荣誉

图6-217　中央电视台采访现场

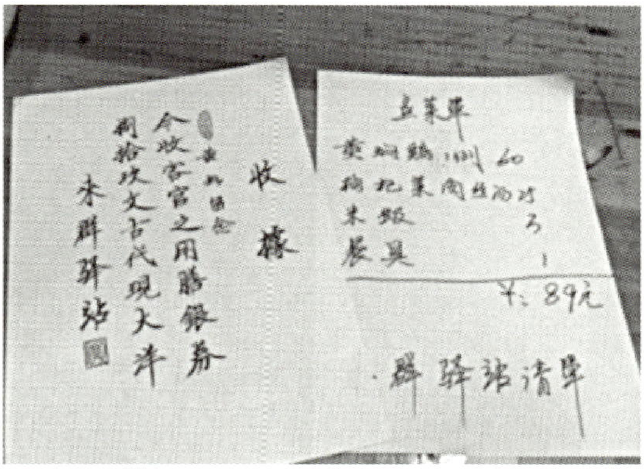

图6-218　收据

图6-219　特色酿菜

及混凝土堆砌而成，既保留了古镇原有的风貌又能与现代建筑风格相融合。墙壁则是用悬挂的山水画装饰，桌子铺上一层绿底红花的桌布，天花板则悬挂着一个充满古风的灯笼。驿站内共有5间客房，有多款房型，房间分别以中华、红双喜、甲天下、芙蓉王、黄鹤楼命名，房内配置空调、电视、无线网络、24小时热水、淋浴等设施，打造静谧惬意的休憩空间。主人质朴热情，使宾客放松身心，忘却旅途的舟车劳顿（图6-220、图6-221）。

图6-220　客房1

图6-221　客房2

3. 庭院特色和厅堂特色

庭院主要以绿植和有年代感的青石板块装饰。绿植主要以万年青和攀爬的藤蔓为主，在庭院墙壁上悬挂着嫩绿的盆栽，地板上种着万年青。藤蔓从一楼顺着墙壁一直生长着攀爬上了二楼栏杆处，这些绿色生长着的植物给了这间充满古韵气息的客栈别样的生机。青石板放置在露天的天井上，是前厅堂通往后厅堂的必经之路。厅堂内桌椅占据了大部分的位置，有6张4人小桌和4张10人大圆桌，桌椅的数量符合了驿站现在以发展饮食为主、住宿为辅的理念。桌椅也全部都是木质的，前厅堂的小桌是用蓝底民族风桌布装饰着，与墙壁上的书法字画相映衬，大圆桌则放置在后厅堂，与厨房相近（图6-222、图6-223）。

图6-222　后院

图6-223　后厅堂

参考文献

[1]贺州文化广电和旅游局官方网站［DB/OL］. http://wlj.gxhz.gov.cn/2022-4-20.

[2]昭平县2021年政府工作报告［DB/OL］. http://www.gxzp.gov.cn/zwgk/zfxxgkzl/zfgzbg/t8218435.shtml.

[3]昭平县2020年国民经济发展公报［DB/OL］. http://www.gxzp.gov.cn/zwgk/xxgkml/zpxzfzcbm/zpxtjj/tjxx_70675/t10196549.shtml.

[4]贺州：创建国家全域旅游示范区扶持政策及奖励［DB/OL］. http://www.pinchain.com/article/259433.

[5]粤桂扶贫协作优惠政策［DB/OL］. http://gxj.chongzuo.gov.cn/yqjsyzsyz/yhzc/t517552.shtml.

[6]昭平县志编纂委员会. 昭平县志［M］. 南宁：广西人民出版社，1992.

[7]蒋好书. 特色小镇，根在文化［N］. 中国民族报，2017-02-10（009）.

[8]叶晨苗，朱海莹. 文化黄姚，烽火倩影——欧阳予倩戏曲文化节在黄姚古镇举行［DB/OL］. http://wlt.gxzf.gov.cn/zwdt/gsyw/t11087360.shtml，2021-12-31.

[9]汤松波，利宇翔. 梦里黄姚［J］. 歌海，2021，(05)：146.

[10]朱东，浮克. 夜黄姚［J］. 歌海，2021，(05)：147.

[11]钟世萍，莫军生. 梦回黄姚［J］. 歌海，2021，(05)：154.

[12]王剑冰. 时光里的黄姚［N/OL］. 人民日报，2020-01-04（08）.

[13]段阳萍. 黄姚［M］. 北京：中央民族大学出版社，2020.

[14]陈理，苍铭. 黄姚古镇［M］. 北京：民族出版社，2007.

[15]韦祖庆，邓险峰. 黄姚生态旅游研究［M］. 北京：中国书籍出版社，

2013.
[16] 广西昭平县政协. 梦境黄姚[M]. 广州：广州旅游出版社，2006.
[17] 粟巧兰，郑向敏. 旅游发展背景下古镇文化景观演变——以黄姚古镇为例[J]. 社会科学家，2019(03)：69-76.
[18] 粟巧兰. 旅游发展背景下古镇文化景观演变因素与机理研究——以黄姚古镇为例[J]. 贺州学院学报，2020，36(04)：118-125.
[19] 赵晨辰，陈静. 中国传统文化视角下黄姚吴氏宗祠的空间布局与建筑特色研究[J]. 城市住宅，2021，28(08)：153-154.
[20] 潘铭聪. 黄姚古镇景区的展示空间设计研究[J]. 中国民族博览，2021，(13)：151-153.
[21] 覃小华，吕瑷伻，黄艺涵. 特色小镇旅游核心竞争力提升研究——以广西黄姚古镇为例[J]. 农村经济与科技，2021，32(09)：114-117.
[22] 黎遗业，黎训铭，龙凯玲，韦程豪. 浅析广西黄姚古镇的旅游可持续发展策略[J]. 内蒙古科技与经济，2021，(07)：47-49+51.
[23] 满育俊. 塑造特色乡村风貌助推乡村振兴的策略探讨——以广西昭平县黄姚镇杨村屯为例[J]. 广西城镇建设，2021，(03)：22-23+29.
[24] 朱东，汤松波，钟世萍，潘琦，大解，哨兵，子川，宗仁发，孙思，李木马，西娃，王单单，黄国辉，陈波来，孤城，高建刚，乡下刚子，震杳，谷禾，辰水，孙大顺，安琪. 文化旅游中国行——黄姚古镇行[J]. 中国摄影家，2021，(03)：113-128.
[25] 熊晓庆. 黄姚：广西第一古镇——广西木制建筑赏析之三十九[J]. 广西林业，2019(01)：36-37.
[26] 张志明. 全域旅游视域下广西黄姚屯民族特色村寨文化景观演变研究[J]. 广西经济管理干部学院学报，2019，31(01)：80-86.
[27] 李美霖. 广西黄姚古镇生态旅游解说系统的构建研究[J]. 柳州师专学报，2015，30(02)：80-83.
[28] 孔璎红. 保护和传承视阈下古镇旅游资源深度开发研究——以广西黄姚古镇为例[J]. 广西社会科学，2015，(01)：40-43.
[29] 秦潇. 广西特色旅游村镇旅游开发研究——以黄姚古镇为例[J]. 旅游纵览（下半月），2014，(04)：179-180.
[30] 韦浩明. 古镇旅游资源开发与社区和谐机制的构建——以广西贺州市黄

姚古镇为例［J］. 桂林师范高等专科学校学报，2009，23（01）：67-70.
［31］张广海，孟禹. 国内外民宿旅游研究进展［J］. 资源开发与市场，2017，33（04）：503-507.
［32］凌恺，王亚鑫. 浅析虚拟仿真技术在民宿改造设计中的应用——以广西黄姚古镇为例［J］. 中外建筑，2019，（08）：151-153.
［33］刘晴晴. 民宿业态发展研究—台湾经验及其借鉴［D］. 青岛大学，2015.